무심이와 함께 하는
페르미 추정

무심이와 함께 하는 페르미 추정

1판 1쇄 발행 2024년 2월 26일

지은이 남호영
일러스트 남호영
발행인 도영
내지 디자인 손은실, 표지 디자인 씨오디
편집 및 교정 교열 최정원
발행처 솔빛길 등록 2012-000052
주소 서울시 마포구 동교로 142, 5층(서교동)
전화 02) 909-5517
Fax   02) 6013-9348, 0505) 300-9348
이메일 anemone70@hanmail.net
ISBN 978-89-98120-98-6 (73410)

ⓒ 남호영

* 이 책은 저작권법에 따라 보호받는 저작물이므로 무단전재와 무단복제를 금지하며, 이 책 내용의 전부 또는 일부를 이용하려면 반드시 저작권자와 솔빛길의 서면 동의를 받아야 합니다.
* 책값은 뒤표지에 있습니다.

머리가 반짝반짝, 페르미 추정의 이야기 학습법

무심이와 함께 하는
페르미 추정

글·그림 **남호영**

솔빛길

글을 시작하며

페르미가 들려주는 페르미 추정

　1945년 7월 16일 아침 햇살이 밝아올 무렵, 미국 뉴멕시코 주 알라모고르도에 엔리코 페르미를 비롯한 몇 명의 과학자들이 서성대고 있습니다. 맨해튼 프로젝트라고 불렸던 인류 최초의 핵무기 개발을 추진해 온 과학자들이에요. 모두 긴장한 채 황량한 풍경 너머를 바라보고 있습니다.

　갑자기 굉음과 함께 어마어마한 섬광이 터졌습니다. 태양을 천 개 합친 것보다 더 밝은 빛이 쏜살같이 사방으로 날아갔습니다. 몇 초 후에 버섯구름이 피어오르기 시작했습니다. 과학자들은 핵실험이 성공했음을 알아차렸어요. 핵폭발로 인한 폭풍이 그들이 있는 곳에도 세차게 불어닥쳤습니다.

　페르미는 종이를 잘게 찢어 머리 위로 들어 올렸다가 떨어뜨렸습니다. 떨어지던 종잇조각들은 폭풍에 밀려 날아갔습니다.

"종잇조각들이 2.5미터 정도 날아갔어요."

종이가 날아간 곳까지의 거리를 발걸음으로 잰 페르미가 말했습니다. 그리곤 탁자로 돌아와서 끄적거리며 뭔가를 계산했어요. 잠시 후 페르미가 사람들 쪽으로 돌아보며 입을 열었습니다.

"이 정도 폭풍이면 TNT 1만 톤에 해당하는 폭발 위력이네요."

페르미는 "거리가 16킬로미터 떨어진 곳에서 일어난 폭발로 생긴 폭풍이 종잇조각을 2.5미터 날아가게 했다면 폭발의 위력은 TNT 1만 톤 정도이다"라고 예측한 거예요. 물론 대략적인 계산이지요. 이런 계산은 정확한 값을 얻어내는 게 목적이 아니에요. 근사치에 가까운 값을, 빨리 알아내는 것이 목적입니다. 페르미가 즐겨 했던 이런 예측 방법을 이제는 '페르미 추정'이라고 부릅니다.

페르미 추정은 근사치를 알면 충분할 때 사용하는 방법입니다. 몇 가지 기초적인 지식에서 출발하여 논리적인 과정을 거쳐 빨리 답을 얻어내는 거지요. 이 과정에서는 어림셈을 사용하는데, 근사치를 알아내는 데 시간이 오래 걸리는 건 어울리지 않는 일이기 때문입니다. 앞의 실험에서는 폭발 후 일주일 정도의 정밀 조사를 거쳐 폭발 강도가 발표되었습니다. 일주일을 기다리지 않아도 폭발 강도를 근사치로 알 수 있다는 데 페르미 추정의 의의가 있어요.

그러면 페르미 추정은 어떻게 하는 걸까요? 페르미가 시카고 대학교에서 수업할 때 학생들에게 내서 유명해진 문제가 있어요. 페르미가 어떤 식으로 생각했는지 함께 풀어 볼까요?

시카고에는 피아노 조율사가 몇 명 있을까?

여러분이 이 문제를 받은 시카고 대학교의 학생이라고 생각해 보세요. 처음 문제를 받으면 막막하지요. 도대체 어디로, 어떻게 접근할 수 있을까요?

피아노를 좀 아는 사람이라면 피아노는 주기적으로 조율을 해야 한다는 것을 알고 있을 거예요. 피아노 조율사의 수는 피아노가 몇 대 있는가와 밀접한 관계를 갖습니다. 피아노 조율사가 필요 이상으로 많으면 결국 누군가는 다른 도시로 떠나든지 직업을 바꿀 수밖에 없습니다. 이제 어디로 **접근**해야 할지 윤곽이 그려졌어요. 우리는 시카고에 피아노가 몇 대나 있는지 정해야 합니다. 피아노 수를 조사하지 않고 정한다고요? 그렇습니다. 조사하려면 시간이 걸려요. 페르미 추정은 몇 분 만에 근사치를 구할 때 사용하는 방법이라는 걸 잊지 마세요.

여러분이 시카고에 살고 있다면 시카고에 사람이 몇 명 사는지 알고 있을 거예요. 페르미는 300만 명이 살고 있다고 했고, 한 가구당 3명이 산다고 해서 100만 가구가 있다고 정했습니다. 100만 가구 중 집에 피아노가 있는 비율은 얼마나 될까요? 페르미는 10퍼센트로 **설정**했습니다. 당시 그 정도 비율로 피아노가 있다고 추론할 만한 근거가 있었을 거예요. 피아노는 100만 가구의 10퍼센트인 10만 가구에 한 대씩, 즉 10만 대가 있습니다. 이제 한발 더 나아가야 해요. 피아노 조율사가 하루 몇 대를 조율할 수 있는지 피아노 조율의 **모델**을 만들어 보는 거예요. 페르미는 대부분 피아노를 일 년에 한 번 조율하고, 조율사는 하루에 4건 정도 일할 수 있다고 보았습니다. 일주일에 5일씩, 일 년에 50주 일하면 1년에 일하는 날은 250일입니다. 그럼 조율사 한 명이 일 년에 피아노 1,000대를 조율한다는 모델이 만들어집니다.

이제 다 왔어요. 남은 건 **계산**뿐입니다. 피아노 10만 대를 조율하려면 조율사가 몇 명이면 되는가의 계산은 100,000대를 1,000명으로 나누기! 시카고의 피아노 조율사는 100명입니다.

페르미가 학생들에게 이 추정을 설명하는 데는 몇 분이면 충분했을 거예요. 그런데 추정은 항상 타당할까요? 추정은 근사치이지만 얼마나 실제 값에 가까운지 **검증**할 수도 있습니다. 이 검증 과정을 거쳐 나의 추정이 잘되었는지 돌아볼 수도 있어요. 기초 지식은 옳았는지, 추론의 논리에는 문제가 없었는지 돌아보는 건 다음 추정에 도움이 됩니다. 시카고의 피아노 조율사 수를 추정할 때 페르미도 시카고의 인구, 피아노 대수, 조율 시간 등 여러 가지를 정했어요. 검증을 통해서 이런 접근, 설정, 모델이 타당한지 되짚어 보는 거예요. 페르미 추정에서 중요한 건 추론 과정의 한 단계 한 단계를 타당하게 진행하는 겁니다.

  여기에 페르미 추정을 왜 하는지 그 이유가 숨어 있습니다. 같은 문제를 추정할 때도 사람마다 결과가 다르게 나올 수도 있어요. 시카고의 피아노 조율사가 100명이 아니라 80명이 될 수도 있고, 150명이라고 구할 수도 있어요. 그 결과만 보고 맞다 틀리다, 라고 하는 건 의미가 없습니다.

  페르미 추정을 하다 보면 답이 정해지지 않은 문제에 대해서도 스스로 생각해서 답을 찾아내는 힘을 기를 수 있습니다. 앞이 전혀 보이지 않는 문제 상황에서도 틈을 만들어 비집고 들어가 문제를 해결하는 힘을 기를 수 있고요. 바로 창의적인 사고, 논리적인 사고를 할 수 있게 되는 거예요.

  이 책에는 10가지의 페르미 추정이 실려 있습니다. 이야기를 읽어 나가면서 페르미 추정을 배워 봅시다. 그리고 스스로 문제를 만들어 친구와 함께 페르미 추정을 해보세요. 수담이와 무심이처럼요.

차 례

글을 시작하며　페르미가 들려주는 페르미 추정　　　　　　　4

1장　붕어빵은 하루에 몇 개나 팔릴까?　　　　　　　　　14

　　`1 접근`　팔리는 개수는 어떻게 가늠할까?　　　　　　16
　　`2 설정`　붕어빵 굽는 데 걸리는 시간　　　　　　　　18
　　`3 모델화`　하루에 굽는 붕어빵 개수　　　　　　　　　20
　　`4 계산`　하루에 팔리는 붕어빵 개수　　　　　　　　22
　　`5 검증`　굽는 개수? 파는 개수?　　　　　　　　　　24
　　평균이 뭘까　　　　　　　　　　　　　　　　　　　26

2장　개는 평생 발바닥을 몇 번 핥을까?　　　　　　　　28

　　`1 접근`　어느 개?　　　　　　　　　　　　　　　　30
　　`2 설정`　한 시간에 발바닥을 몇 번이나 핥을까?　　　32
　　`3 모델화`　깨어 있는 시간　　　　　　　　　　　　　34
　　`4 계산`　평생 발바닥을 핥는 횟수　　　　　　　　　36
　　`5 검증`　신발 바닥보다 깨끗한 개 발바닥　　　　　　38
　　큰 수 읽기　　　　　　　　　　　　　　　　　　　40
　　계산을 쉽게 하는 방법　　　　　　　　　　　　　　42

3장 코로나 기간에 쓰고 버린 마스크의 무게? 44

- `1 접근` 어떤 마스크? 46
- `2 설정` 하루 몇 장? 48
- `3. 모델화` 3년간 쓰고 버린 마스크는 몇 장? 50
- `4 계산` 쓰레기가 된 마스크의 무게는? 52
- `5 검증` 쓰레기 문제를 해결할 그날까지 54

무게 단위 알아보기 56

4장 한 해 동안 사용하는 야구공은 몇 개? 58

- `1 접근` 한 해 동안 사용하는 야구공이란? 60
- `2 설정` 프로야구 경기는 몇 경기? 62
- `3. 모델화` 한 경기에서 사용하는 야구공은 몇 개? 64
- `4 계산` 한 해 동안 사용하는 야구공은 몇 개? 66
- `5 검증` 야구공 실밥의 비밀 68

5장 오늘 전교생이 먹은 밥알은 몇 알? 70

- `1 접근` 먹는 양은 모두 같다 72
- `2 설정` 한 숟가락은 몇 알? 74
- `3 모델화` 식판에 담긴 밥은 몇 숟가락? 76
- `4 계산` 오늘 전교생이 먹은 밥알의 개수는? 78
- `5 검증` 밥 대신 쌀 80

11

6장 전 세계 사람들이 우리나라에 다 앉을 수 있을까? 82

1 접근	세계 인구는? 우리나라 넓이는?	84
2 설정	정해진 넓이 안에 앉기	86
3. 모델화	전 세계 사람들이 모두 앉으면?	88
4 계산	우리나라 넓이와 비교하기	90
5 검증	사람과 땅	92

넓이 단위 알아보기 94

7장 내 머리카락은 몇 가닥? 96

1 접근	무얼 알아야 할까?	98
2 설정	모낭과 머리카락	100
3. 모델화	두피 넓이는?	102
4 계산	무심이 머리카락 개수	104
5 검증	나와 머리카락 수가 같은 사람	106

다각형의 넓이, 원의 넓이 알아보기 108

8장 평생 마실 물로 욕조를 채운다면? 110

1 접근	누가 마시는 물로 할까?	112
2 설정	내가 마시는 물의 양	114
3-1 모델화	평생 마시는 물의 양	116
3-2 모델화	욕조의 부피	118
4 계산	욕조는 몇 개?	122

| 5 검증 | 페트병에 담는다면? | 124 |
| 부피와 부피 단위 알아보기 | | 126 |

9장 시험 문제를 찍어서 다 맞히려면? 128

1 접근	한 문제를 찍어서 맞힐 가능성	130
2 설정	두 문제를 찍어서 맞힐 가능성	132
3. 모델화	5가지 중에 하나, 10문제!	134
4 계산	5를 10번 곱하기	136
5 검증	찍어서 만점 받기	138
가능성		140

10장 자전거 타고 달까지 가려면 얼마나 걸릴까? 142

1 접근	자전거를 타고 달까지	144
2 설정	달까지의 거리	146
3. 모델화	자전거 속력과 시간	148
4 계산	얼마나 걸릴까?	150
5 검증	거북이처럼 꾸준히 가는 우주선	152
속력과 속력의 단위 알아보기		154

부록 페르미 추정 문제 10개와 풀이 예시 156

1장
붕어빵은 하루에 몇 개나 팔릴까?

내가 학교 끝나자마자 부리나케 가방을 들고 뛰는 데는 이유가 있다. 우리 학교 앞 붕어빵 가게는 조금만 늦으면 줄이 길어지니까. 다른 가게보다 더 쫀득하기 때문일까? 팥이 더 달콤하게 씹혀서일까? 아무튼 우리 동네에서는 이 집 붕어빵이 최고다.

아뿔싸! 이미 붕어빵 가게 앞에는 아이들이 옹기종기 서 있다. 종례가 늦게 끝난 탓이다. 할 수 없이 맨 뒤에 붙어 서려는데, 앞에 무심이가 보였다.

수담: 무심아, 내 것도 사주라.
무심: 네 건 네가 사야지.

줄 서 있던 다른 아이들의 눈길이 나에게로 향했다. 무정한 놈, 이라고 중얼거리며 맨 뒤에 설 수밖에 없었다. 심심해. 줄 끝에 붙어서 심심해 하던 내 눈은 붕어빵틀을 뒤집으며 솜씨 좋게 붕어빵을 구워내는 아저씨의 현란한 손놀림에 빠져들었다. 가장 먼저 와서 붕어빵을 살 때는 미처 눈여겨보지 못했던 광경이다. 빵틀을 돌려가면서 착착 구워내는 걸 보면서 궁금증이 솟아났다.

수담 : 무심아, 너 여기서 붕어빵을 하루에 몇 개나 파는지 알아?
무심 : 그건 몰라도 붕어빵이 내 입에 먼저 들어간다는 건 알고 있지.
수담 : 그거 알아내면 네 가방 들어줄게.
무심 : 으흠.

무심이가 걸려들었다. 무심이는 가방에 이것저것 쓸데없어 보이는 것을 많이 넣고 다니기 때문에 가방이 늘 무겁다. 그래서 가방 들어주기 내기라면 사족을 못 쓴다.

팔리는 개수는 어떻게 가늠할까?

사실 이런 건 정확하게 알아내는 게 아니라 대략 계산하면 된다. 어차피 오늘 팔리는 개수와 내일 팔리는 개수가 다르다. 또 한 달 후에 팔리는 개수도 다르다. 그러니 대략 몇 개 팔린다는 수준으로 어림 계산을 하면 된다. 바로 페르미 추정이다. 무심이가 알 리가 없는 페르미 추정.

수담 : 하루에 붕어빵이 몇 개 팔리는지 어떻게 알아낼 거야? 붕어빵 아저씨에게 물어보는 건 안 돼.

무심 : ….

무심이는 머리를 쓰려다가 결국 엉뚱한 대답을 해서 내 가방을 들게 될 거다. 나는 흐뭇함에 벌어지는 입을 다물려고 입술에 힘을 주었다.

> 무심: 붕어빵을 사는 사람 수를 정확하게 알아보는 건 힘들겠지? 계속 지켜볼 수는 없으니까.
> 수담: 모르겠으면 여기 내 가방이나 들어주든지.
> 무심: 붕어빵을 파는 개수 대신 몇 개나 굽는지 생각해 볼래.

붕어빵을 구워야 팔 테니 파는 개수가 구워내는 개수보다는 적은 건 당연하다. 가끔 보면 구운 붕어빵을 줄줄이 올려놓고 손님을 기다리는 광경을 볼 수 있으니까.

붕어빵이 몇 개 팔리는지 계산하려면 팔리는 개수를 어떻게 알아낼 것인가를 정해야 하는데, 무심이는 팔리는 개수 대신 구울 수 있는 개수를 생각하겠다고 했다. 어라? 이건 나도 생각 못한 건데, 손에 살짝 땀이 났다.

> **[추정 1]** 팔리는 개수 대신 구울 수 있는 개수를 계산한다.

붕어빵 굽는 데 걸리는 시간

무심이가 앞에 선 아이 어깨너머로 붕어빵 굽는 아저씨를 흘깃 보더니 말을 이었다.

무심 : 붕어빵을 구울 때 굽는 데만 시간을 쓰는 건 아니야. 중간에 반죽도 만들고 주변 정리도 해야 해. 물론 손님을 상대하는 시간도 있어야 하지. 하지만 그런 시간까지 생각하면 너무 복잡하니까 단순하게 굽는 시간만 생각하는 걸로 할래.

수담 : 그래, 페르미 추정이니까 조건을 간단하게 만들어야지.

무심 : 뭐라고?

수담 : 아니, 아니. 계속해.

나는 황급히 손을 내저었다. 지금 하는 게 페르미 추정이라는 걸 굳이 알려줄 필요는 없으니까. 무심이는 무심하게 붕어빵 기계를 가리키며 말했다.

> 무심 : 우선 쉬지 않고 붕어빵을 굽는다면 한 시간에 몇 개나 구울 수 있는지부터 따져 볼게. 붕어빵 기계에는 빵틀이 20개 있어. 물론 실제로는 20개씩 동시에 만들어지는 건 아니야. 순서대로 익으니까. 빵틀마다 반죽을 부어. 4개가 적당해. 그 위에 앙금을 놓고 반죽을 더 부어. 뚜껑을 닫고 빵틀을 뒤집어. 다음 4개의 빵틀에 반복해. 붕어빵 기계가 한 바퀴 돌아오면 뚜껑을 열고 붕어빵을 꺼내. 한 바퀴 돌아오는 데 10분쯤 걸리는 것 같아.

무심이는 평소에 참 무심해 보였는데, 붕어빵 굽는 건 열심히 지켜본 모양이다. 붕어빵 굽는 과정을 쭉 꿰고 있다니 놀라운 일이다.

[추정 2] 붕어빵은 10분에 20개씩 구울 수 있다.

하루에 굽는 붕어빵 개수

무심: 그렇다고 온종일 10분에 20개씩 계속 굽지는 않아. 어떤 때는 사는 사람들이 붕어빵이 구워지기를 기다리고, 어떤 때는 붕어빵이 살 사람을 기다려. 우리 학교 끝나고 한 시간 정도, 그리고 저녁때도 한 시간 정도는 계속 구워. 이때는 사려면 기다려야 해.

수담: 그럼 나머지 시간에는?

무심: 나머지 시간에는 덜 팔리니까 오히려 붕어빵이 살 사람을 기다리지. 쉬엄쉬엄 구워.

수담: 계속 굽는다 쉬엄쉬엄 굽는다, 라고 말하지 말고 몇 개라고 딱 부러지게 말해야 계산을 하지.

무심: 계속 구울 때는 한 시간에 6번 굽는 거고, 쉬엄쉬엄 구울 때는

절반 정도의 시간 동안 굽는다고 보면 한 시간에 3번 굽는 거지. 간단하게 한 시간마다 4번 굽는다고 할래.

수담 : 하루 문 여는 시간은 알아?

무심 : 오후 2시에 문 열어서 9시에 닫던데. 7시간 동안 한 시간마다 4번씩 굽는 거야.

무심이가 붕어빵을 좋아하는 건 알고 있었지만, 붕어빵 가게 영업시간까지 파악하고 있을 줄은 몰랐다. 나도 저녁때 지나가면서 사람들이 옹기종기 서서 기다리는 것도 봤고, 인적이 드물어지는 9시쯤에 문 닫는 것도 보긴 했지만. 이제 꽤 구체적으로 추정에 들어선 느낌이다.

[추정 3] 한 시간에 4번씩, 하루 7시간 동안 굽는다.

> **4 계산**

하루에 팔리는 붕어빵 개수

무심이는 이미 가방을 바닥에 내려놓고 있었다. 가방은 내 손에 들리고 자기는 붕어빵만 먹으면서 집까지 걸어갈 생각을 하니 이미 신이 난 듯 보였다.

무심 : 이제 한 시간에 4번씩 하루 7시간 동안 굽는 개수를 계산하면 돼. 한 번 구울 때 20개씩 구우니까 한 시간에는 20개씩 4번 구워. 80개야.

수담 : 하루에 7시간을 구우니까?

무심 : 80개를 7배 하면 560개야.

수담 : 그럼 하루에 560개를 굽는다는 거네?

무심 : 그 정도. 하루에 그렇게 파는 거야.

수담: 굽는다고 다 팔려?

무심: 나 같으면 다 팔릴 때까지 기다릴 거야. 장사는 그렇게 하는 거 아닌가?

어느새 무심이가 붕어빵을 살 차례가 되었다. 따끈한 붕어빵을 받아든 무심이가 한 입 베어 물자 팥앙금이 눌리면서 옆으로 삐져나왔다. 팥앙금에서 김이 모락모락 났다. 나도 모르게 침을 꿀꺽 삼켰다.

[추정 4] 한 시간에 80개씩 7시간 동안 구워 하루에 560개를 판다.

5 검증

굽는 개수? 파는 개수?

　붕어빵은 길거리 음식의 대표주자야. 밀가루 반죽에 팥이나 슈크림을 넣었을 뿐인데, 참 신기하게 바삭하면서도 달콤해 입에 당겨. 몇 개쯤은 순식간에 먹어 치울 수 있어.

　붕어빵을 사 먹는 사람이 많으니 당연히 팔리는 개수도 많을 거야. 하루에 몇 개나 팔릴까? 사실 노점에서 몇 개나 팔리는지 정확히 알기는 어려워. 가끔 붕어빵 노점상의 인터뷰 기사가 뜨기도 하는데, 하루에 2천 개를 판다는 노점상도 있었어. 엄청나게 많이 파는 거야.

　붕어빵은 노점에서만 살 수 있는 게 아니야. 붕어빵 기계를 들여놓은 음식점도 있어. 원래 메뉴를 주문하다가 붕어빵도 같이 주문하게 되는 거야. 원래 메뉴보다 더 많이 팔리는 경우도 있다는데, 대체로 노점의 판매량과 비슷해 보여.

요즘은 붕어빵을 인터넷으로 사기도 해. 인터넷으로 판매되는 붕어빵 개수와 노점이나 가게에서 파는 붕어빵 개수를 같은 의미로 보아도 될까? 같다고 보기엔 뭔가 찜찜하지? 그 차이는 바로 이거야.

보통 노점이나 가게에서 사면 바로 먹어. 굽는 개수를 알면 파는 개수도 알 수 있어. 반면에 인터넷 상점에서는 붕어빵을 구워 냉동시켜 보관해. 주문이 들어올 때마다 꺼내서 배송해. 굽는 개수와 파는 개수가 달라. 오늘 구웠다고 해서 오늘 파는 게 아니라는 거야. 그래서 학교 앞 노점에서 붕어빵이 몇 개 팔리느냐는 문제는 어느 가게에서 붕어빵이 몇 개 팔리는지와 비슷한 문제이지만, 인터넷 상점에서 몇 개 팔리느냐와는 의미가 달라. 물론 입 안에서 스르르 녹는 맛은 같겠지만.

평균이 뭘까

1 평균   무심이는 붕어빵을 몇 개씩 굽는지 알아보면서 "20개를 굽는 데 10분쯤 걸리는 것 같아."라고 말했어. 무심이가 진짜로 시계를 들고 시간을 재었다면, 20개 구울 때마다 시간이 조금씩 다르다는 걸 확인할 수 있을 거야. 바삭하게 하려고 조금 더 구울 수도 있고, 봉투에 넣어 손님에게 주기 위해 잠시 멈출 수도 있어. 시간이 조금씩 다를 수밖에 없는 이유는 너무너무 많아.

그런데 20개를 굽는 데 '10분'이라고 정하고 추정을 시작해도 될까? '10분'은 20개를 굽는 데 걸리는 조금씩 다른 시간 중에서 뽑힌 대표야. 이 대표를 우리는 평균이라고 불러.

평균이 뭔지 다른 예를 들어 볼게. 우리 반이 소풍 가는 장소를 결정한다면, 가장 많은 아이가 원하는 장소로 가게 될 거야. 그 장소가 우리 반 아이들이 원하는 소풍 장소의 '대표'니까. 마찬가지로 우리 반 아이들의 키의 대푯값을 정한다면 키가 비슷비슷한 아이들이 많은 값으로 정해질 거야. 작은 키나 큰 키는 대표가 되기에는 적당하지 않으니까.

② 평균 구하기

페르미 추정을 할 때는 대략 생각해서 '10분'을 정했어. 추정이니까. 그렇지만 진짜로 평균을 구할 때는 계산을 해. 세 명의 키가 150센티미터, 152센티미터, 157센티미터이면 세 명의 키 평균은 모두 더해서 3으로 나눈 값이야. 세 수 150, 152, 157을 더할 때는 먼저 150을 세 번 더한 450에 2와 7을 더하면 편해. 이제 세 수의 합 459를 3으로 나눈 153이 평균이야. 153이 평균이라는 말은 세 수 150, 152, 157을 더한 값과 평균 153을 3배 한 값이 같다는 뜻이야. 153에게 대표 자격이 있는 거지.

2장
개는 평생 발바닥을 몇 번 핥을까?

무심이가 댕댕이와 산책을 마치고 들어왔다. 당연히 댕댕이 발바닥은 시커멓겠지. 밖을 돌아다니다 왔으니까. 댕댕이도 귀엽긴 하지만 그에 비하면 나의 냥냥이는 모든 면에서 우월하다. 발바닥도 늘 깨끗하고 똥도 전용 변기에 누어 모래 속에 파묻으니 뒤처리도 깔끔하고. 무엇보다도 냥냥이가 댕댕이보다 우월한 건, 흘러넘치는 도도한 기품 때문이다. 댕댕이처럼 지저분한 몸으로 주인에게 애교를 떠는 짓은 안 하니까. 나는 현관을 지나 마루에 발을 올리는 댕댕이를 보자마자 소리를 질렀다.

수담: 댕댕이 발바닥!
무심: 발바닥이 뭐?

수담 : 발바닥이 더럽잖아. 그냥 올라오면 어떡해?

무심이는 댕댕이를 안고 나에게 다가와서 댕댕이 발을 잡고 발바닥을 내 눈앞에 들이밀었다. 댕댕이 발바닥에 아무것도 없다. 밖에서 신발을 신었을 리도 없는데, 젤리 같은 검은색 볼록 살과 볼록 살 사이의 털에는 흙도, 먼지도 없다. 어떻게 된 일이지?

무심 : 개는 발바닥을 핥잖아. 틈날 때마다. 개가 얼마나 깨끗한데.

그랬나? 댕댕이를 잘 살펴보지 않아서 몰랐는걸. 그렇지만 이대로 밀릴 수는 없다. 나는 무심이가 귀찮아할 만한 질문을 했다.

수담 : 그래? 개가 자기 발바닥을 평생 몇 번이나 핥는데?

어느 개?

내 예상대로 무심이 표정이 어두워졌다. 오늘 하루 댕댕이가 몇 번이나 발바닥을 핥았는지도 모를 텐데, 댕댕이가 아니라 개가 평생 몇 번 핥느냐고 물었으니 당연히 대답 못 하겠지.

무심: 이 세상 모든 개를 다 조사할 수는 없어. 그러니 댕댕이를 기준으로 삼을 거야.

수담: 댕댕이가 개 대표라도 되는 거야? 댕댕이가 발바닥을 하루에 열 번 핥는다고 해서 모든 개가 똑같이 하루에 열 번 핥는 건 아니잖아.

무심: 저번에 우리 학교 앞 가게에서 붕어빵을 하루에 몇 개 파는지 계산했잖아. 그다음에 생각해 봤어. 만약 네가 그 가게에서 팔

리는 붕어빵 개수가 아니라 우리나라에서 팔리는 붕어빵 개수를 물어봤다면?

수담: 우리나라 붕어빵 가게에 다 물어봐야겠네?

무심: 그걸 언제 다 조사하겠어. 그건 낭비야. 여론조사처럼 몇 사람만 조사해도 충분해. 개를 키우는 내 친구들에게 물어볼 수도 있지만, 너에게 대답하는 정도는 내 댕댕이만으로 충분해.

무심이의 입에서 또박또박 흘러나오는 말에 나는 입을 다물 수밖에 없었다. 친구들에게 네 강아지가 하루에 발바닥을 몇 번 핥는지 세어 봐, 라고 하면 다들 투덜대겠지. 그러면 무심이는 친구들에게 떡볶이라도 사주라고 할 테고, 떡볶이 값이 무심이 주머니에서 나올 리는 없으니까.

[추정 1] 무심이의 강아지 댕댕이를 개 대표로 삼는다.

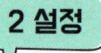

한 시간에 발바닥을 몇 번이나 핥을까?

댕댕이가 평생 몇 번이나 발바닥을 핥는지 알아보려면 시간을 더 나누는 게 좋다. 하루에 몇 번 그리고 한 시간에 몇 번, 이런 식으로. 사실 한 시간 동안 발바닥을 몇 번 핥는지 지켜보는 것도 지루할 수 있으니 30분 단위로 끊어서 짐작해 보는 게 좋을 거다.

무심: 댕댕이가 발바닥을 얼마나 자주 핥는지 나는 알고 있어.
수담: 맨날 옆에 끼고 있더니 알고 있었구나?
무심: 예전에 몇 번 세본 적이 있거든. 적어놓은 게 어디 있을 텐데….

무심이가 책상 위에 흩어져 있는 공책들을 이것저것 들추다가 얇은 공책 한 권을 집어 들었다. 뒤적대면서 몇 장을 넘기더니 내 앞에 딱 펼쳤다.

> 5월 2일 한 시간에 10번, 30분에 6번
> 5월 3일 30분에 5번, 한 시간에 9번
> 5월 6일 30분에 6번, 한 시간에 11번

무심 : 이걸 다 한 시간을 기준으로 바꾸면 10번, 12번, 10번, 9번, 12번, 11번이네. 6시간에 64번이니까 1시간에 11번 핥는다고 하면 되겠다.

무심이는 내 쌍둥이 동생이기는 하지만 난 정말 모르겠다. 저런 걸 왜 적어두는지. 내 냥냥이도 자기 털을 핥고 내 손, 내 얼굴을 핥지만 난 그 횟수를 세어 볼 생각은 꿈에도 한 적이 없는데.

[추정 2] 댕댕이는 한 시간에 발바닥을 11번 핥는다.

깨어 있는 시간

댕댕이가 자기 발바닥을 한 시간에 11번 핥는다고 해도 24시간 내내 핥는 건 아니다. 자는 시간도 있으니까. 개의 수명까지 생각해서 평생 몇 시간 동안 깨어 있는지 알아야 한다. 무심이는 이걸 추정할 수 있을까?

무심 : 개는 얕은 잠을 길게 자. 하루에 14시간 정도. 어릴 때나 늙어서는 2시간 정도 더 잔다고 봐야 해.

수담 : 개는 몇 년 살아?

무심 : 보통 10년에서 13년 정도. 댕댕이 수명을 10년이라고 하면 3살에서 8살까지를 성년이라고 할 수 있으니 성년은 6년, 나머지 4년이 유년기, 노년기야.

수담: 좀 복잡한데?

무심: 그렇지. 우린 대강만 알아보면 되니까 자는 시간을 하나로 정하는 게 좋아. 자는 시간이 보통 14시간과 16시간이니까 15시간으로 할래.

하루에 15시간을 자면 깨어 있는 시간은 9시간이다. 깨어 있는 시간에만 한 시간에 11번 핥는다는 말이다. 이제 계산할 준비가 끝났다.

[추정 3]   댕댕이는 10년 동안 하루 9시간씩 깨어 있다.

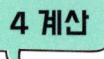 **4 계산**

평생 발바닥을 핥는 횟수

무심: 이제 계산만 하면 돼. 댕댕이는 10년 동안 하루에 9시간씩 깨어 있어. 한 시간에 11번 발바닥을 핥으면서. 1년이 365일이니까 10년은 3,650일, 간단하게 3,600일이라고 하자. 그동안 핥는 시간은 3,600일에 9시간을 곱하면 돼.

무심이는 여기까지 말하고 입을 다물었다. 계산은 나더러 하라는 거지. 말 안 해도 안다.

수담: 9를 곱하는 것보다는 9가 10에서 1을 뺀 수라는 걸 이용하면 더 쉬워. 10시간씩 3,600일이면 36,000시간, 1시간씩 3,600일이면 3,600시간. 이제 빼면 32,400시간이야.

무심: 우와. 32,400시간과 11번을 곱하는 건 내가 계산할게. 어디 보자. 32,400시간 동안 10번씩 핥으면 324,000번, 32,400시간 동안 1번씩 핥으면 32,400번. 둘을 더하면 356,400번. 계산 쉽네!

수담: 와, 댕댕이가 평생 35만 번 넘게 발바닥을 핥는다는 말이구나. 엄청난걸.

무심: 왜 댕댕이 발바닥이 네 신발 바닥보다 깨끗한지 알겠지?

댕댕이를 개 대표로 보면 개는 평생 35만 번 넘게 발바닥을 핥는다는 말이다. 내가 신발을 빠는 횟수와는 비교할 수가 없다. 댕댕이 인정!

[추정 4] 개는 평생 356,400번 정도 발바닥을 핥는다.

5 검증

신발 바닥보다 깨끗한 개 발바닥

흔히 맨발로 다니는 개의 발바닥이 더럽다고 생각해. 과연 그럴까? 2018년 네덜란드 위트레흐트 대학교 수의학자들은 개와 사람의 세균 감염 실태를 조사해서 발표했어.

이 연구에는 장애인을 위한 안내견 25마리와 반려견 25마리 그리고 이들의 주인 총 50명이 참여했대. 연구 결과가 궁금하지? 개의 발바닥보다 사람의 신발 바닥에서 더 많은 세균이 발견되었어.

왜 개의 발바닥이 신발 바닥보다 깨끗했을까? 그 이유는 바로 개의 발바닥을 핥는 습관 때문이야. 개의 침에는 균을 죽이는 항균 성분이 있는데, 한 시간에 9~12번 정도 발바닥을 핥는다니 얼마나 깨끗하겠어? 맨발로 다닌다는 이유로 개의 위생을 의심하면 안 되겠지?

2장 개는 평생 발바닥을 몇 번 핥을까?

큰 수 읽기

1 수 자리 이름   우리나라에서는 수를 구분하는 큰 단위가 만, 억, 조야. 조보다 큰 단위도 있지만 사실 쓸 일은 별로 없어. 만, 억, 조는 일부터 만 배씩 커지는 수야. 그 아래에 일부터 열 배씩 커지는 작은 단위도 있어. 십, 백, 천이라고 해. 만, 억, 조 사이사이에 십, 백, 천이 들어가. 이런 식이야.

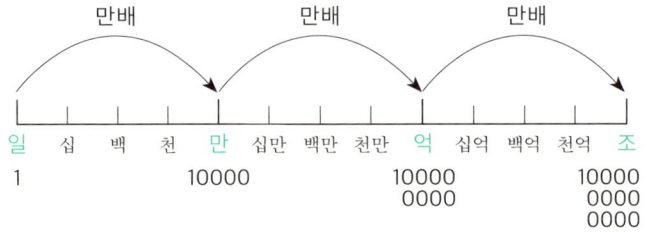

2 큰 수 읽기   십, 백, 천을 숫자로 나타내면 10, 100, 1,000이야. 열 배 하는 건 10을 곱하는 거니까 0이 하나씩 늘어나. 만, 억, 조는 만 배 하니까 10,000을 곱하는 거야. 0이 4개씩 늘어나. 숫자를 읽을 때는 네 자리마다 끊어 읽으면 돼.

그런데 숫자에는 세 자리마다 구분하는 쉼표를 찍어. 우리말과 달라서 불편해.

계산을 쉽게 하는 방법

① **어림셈**   페르미 추정은 빨리, 근사치를 구할 때 사용하는 방법이라고 했어. 그래서 계산도 어림셈으로 해. 예를 들어, 365일은 360일로 할 수도 있고, 350일로 할 수도 있어. 1년을 350일이라고 하면 2년은 700일이 되니까 계산하기가 더 쉬워. 페르미 추정을 할 때는 어느 정도는 계산이 쉬운 수로 바꿔도 돼.

② **곱셈을 빨리 하기**   두 수의 곱셈을 할 때 32,400×11보다는 32,400×10이 쉬워. 받아올림이 없으니까. 이런 곱셈을 쉽게 하기 위해서는 곱셈 한 번으로 하는 계산을 덧셈 두 번으로 바꾸면 돼.

32,400과 10 곱하기, 32,400과 1 곱하기는 눈 깜짝할 사이에 할 수 있지? 이제 오른쪽 두 수 324,000과 32,400을 더하면 돼. 자리를 잘 맞추어 쓰면 이 덧셈도 눈 깜짝할 사이에 할 수 있어. 이렇

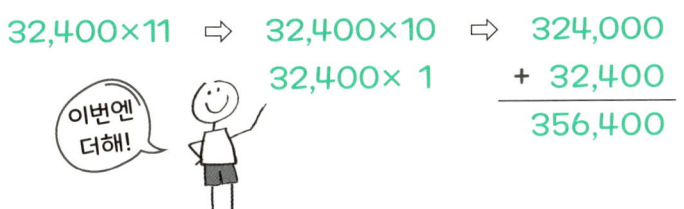

게 계산할 수 있는 이유는 10과 1을 더하면 11이기 때문이야. 만약 32,400×12를 계산해야 한다면 10과 2를 더하면 12라는 걸 기억해!

3장
코로나 기간에 쓰고 버린
마스크의 무게?

엄청 추운 날에는 미세먼지가 없다. 날씨가 좋다 싶으면 미세먼지가 극성이다. 오랜만에 날씨가 좋아 밖에 나가 놀려고 하면 어느 틈에 엄마가 마스크를 내미신다. 코로나에, 미세먼지에 마스크 없이 밖에 나간 게 언제인가 싶다.

수담 : 마스크 없이 뛰어놀아야 숨이 안 차는데.
무심 : 마스크 없이 나간 게 언제인지 기억도 안 나.
수담 : 나도.
무심 : 봄이 와도 황사다, 미세먼지다 해서 계속 마스크를 껴야겠지?
수담 : 코로나 때 쓰고 버린 마스크에 비하면 새 발의 피야. 코로나 때는 매일 마스크를 한 장씩 쓰고 버렸으니.

무심: 그랬어? 나는 한 장으로 며칠씩 썼는데.

수담: 어쩐지 계속 걸려 있는 것 같더라. 코로나바이러스 옮으면 어쩌려고 그랬어?

무심: 쓰고 버린 마스크가 환경오염을 일으킨다기에. 그리고 코로나바이러스는 마스크같은 무생물에서는 오래 살아 있지 못해.

나도 그런 말을 들은 적이 있다. 그래서 몇 번 더 사용해도 되지만, 결국 마스크는 버려야 하고, 태우든 파묻든 환경은 오염된다고. 그렇다고 쓰지 않을 수도 없고 이래저래 걱정이다.

수담: 말 나온 김에 마스크 버리는 양이 얼마나 되는지 알아볼까?

무심: 귀찮게 뭐 하러.

수담: 붕어빵 개수나 개가 발바닥 핥는 횟수를 계산하는 데 별로 귀찮지 않았지? 그렇게 대충 알아보는 걸 페르미 추정이라고 불러. 우린 페르미 추정을 벌써 두 번이나 한 거야.

무심: 그래? 별거 아니던데.

> 1 접근

어떤 마스크?

하루, 일 년, 코로나 팬데믹 기간 3년 동안 마스크가 얼마나 많이 버려졌는지 알려면 검색을 하면 된다. 정부 기관에서 통계 자료를 내놓은 것이 있을 테니. 나는 검색하지 않고 무심이와 페르미 추정을 해서 대략의 양을 짐작해 볼 작정이다.

수담: 코로나 기간 3년 동안 얼마나 많은 마스크가 버려졌는지 계산하려면 먼저 '마스크'를 정의해야 해.

무심: 마스크는 입 가리개야. 뭘 더 정의해?

수담: 아니, 일회용 마스크가 있고, 여러 번 써도 되는 마스크도 있잖아. 또, 헝겊으로 만든 것도 있고. 쓰고 버린 마스크를 계산하는 데 헝겊으로 만든 것도 포함할 거야?

무심 : 그건 좀 곤란해. 헝겊으로 만든 건 얼마나 오래 쓰고 버리는지 모르겠는걸.

수담 : 일회용 마스크보다 훨씬 오래 쓰겠지. 빨고, 빨고, 또 빨고.

무심 : 엄마도 헝겊 마스크를 꽤 오래 쓰다가 일회용 마스크로 바꾸셨어. 헝겊 마스크는 코로나바이러스를 거르지 못한다는 말을 듣고 나서.

수담 : 그 헝겊 마스크 버리지 않은 것 같던데. 요새 다시 쓰고 다니시는 거 봤어.

무심 : 응. 직접 만든 거라 아주 맘에 들어 하시더니.

수담 : 그럼, 일회용 마스크만 따져야겠어. 한 번 쓰고 버려서 쓰레기가 되는 게 문제니까.

[추정 1] 일회용 마스크만 대상으로 한다.

> 2 설정

하루 몇 장?

일회용 마스크는 원래 한 번 사용하고 버리는 게 맞지만, 사람들은 대부분 그러지 않는다. 마스크 줄을 목에 걸고 있다가 마스크를 썼다 벗었다 한다. 집에 돌아와서야 하루 종일 얼굴과 가슴을 왔다 갔다 하던 마스크를 벗어 놓는다. 그때 마스크를 어떻게 했더라? 내일 또 쓰려고 잘 걸어 놓을 때도 있고 버릴 때도 있었다. 무심이는 주로 걸어 놓는 쪽이었다는 거고. 환경을 생각했다는데, 귀찮아서 그런 건 아니었을까?

수담: 일회용 마스크를 하루에 한 장 쓰는 사람도 있을 거고, 너처럼 며칠씩 쓰는 사람도 있을 텐데.

무심: 너는 매일 하나씩 썼어?

수담: 거의 그런 것 같아. 엄마가 바이러스 옮는다고 걱정하셨잖아.

무심: 나도 듣긴 했지만 아까워서 하루만 쓰고 버릴 수가 없었어. 나는 사흘, 나흘에 한 장씩 쓴 것 같아. 좀 더러워지면 일찍 바꾸기도 했지만.

수담: 그럼 이틀에 한 장씩 썼다고 할까?

무심: 그러는 게 좋겠다.

수담: 그럼 하루에 한 사람이 0.5장 썼다고 보는 거야.

무심: 0.5장?

마스크를 0.5장 쓸 수는 없다. 반 잘라서 쓰면 쓰나 마나 한 일이니까. 계산하기 위해서 0.5장이라는 단위를 만들어낸 것뿐이다. 내가 한심하다는 듯 빤히 쳐다보자 무심이가 알았다는 듯 물러섰다.

[추정 2] 한 사람이 하루에 마스크를 0.5장 쓴다.

3년간 쓰고 버린 마스크는 몇 장?

우리나라 인구는 5천만 명이라고 한다. 그중에는 마스크를 쓸 일이 없는 사람도 있고, 사정이 있어 마스크를 못 쓰는 사람들도 있을 테니 마스크를 쓰는 사람은 5천만 명보다 적다.

수담: 마스크를 쓰는 사람들을 몇 명이라고 하면 좋을까?

무심: 나이가 아주 적거나 아주 많거나, 외출을 못 하거나 하는 사람들이 우리 생각보다 훨씬 많을 거야. 천만 명을 제외하고 4천만 명으로 하면 괜찮겠지?

수담: 그러자. 우리나라에서 마스크를 쓰는 사람이 4천만 명이라고 하자.

무심: 그러면 한 사람이 하루에 0.5장 쓴다고 했으니까 2천만 장이 버

려지는 거야.

수담: 일 년을 350일이라고 하면 일 년 동안 버려지는 마스크의 수는 2천만과 350을 곱하면 돼. 먼저 2천만에 10을 곱하면 2억. 여기에 35를 곱하면 70억. 그러니까, 70억 장이야.

무심: 350을 35와 10을 곱한 수로 생각했구나.

2020년부터 3년간 지속된 코로나로 사람들이 쓰고 버린 마스크는 70억 장의 3배, 210억 장!

[추정 3] 코로나 3년간 사용한 일회용 마스크는 210억 장이다.

쓰레기가 된 마스크의 무게는?

3년간 210억 장의 마스크를 쓰고 버렸다는 계산에 너무 놀라서 입이 떡 벌어졌어. 쓰레기 종량제 봉투를 내다 버릴 때마다 마스크가 몇 장씩 들어 있어서 그저 좀 버렸겠거니 했는데, 210억 장이라니!

무심 : 그 쓰레기가 다 어디로 갔을까?
수담 : 버릴 때는 내 손바닥보다 작았는데, 우리나라 사람 한 명 한 명이 쓰고 버리니까 정말 엄청나네. 마스크 한 장의 무게가 얼마지?

잡학 다식한 무심이는 마스크 한 장의 무게도 알고 있을 거라고 짐작하며 물었다.

무심: 4 g.

수담: 역시! 그럼 2천만 장이면 무게가 어떻게 돼?

무심: 곱하면 되지. 2천만과 4를 곱하면 8천만. 그럼 8천만 g이네.

수담: 8천만그램은 상상이 안 되니 킬로그램이나 톤으로 바꿔봐야겠어. 1,000 g은 1 kg, 1,000 kg은 1 t이니까 80,000,000 g은 80,000 kg이고, 다시 80 t이야.

무심: 80 t? 그럼 하루에 1톤 트럭 80대만큼 버렸다는 거네?

수담: 일 년으로 계산하면 80 t에 350일을 곱하면 28,000 t, 코로나 3년으로 계산하면 84,000 t !

무심: 그러니까 너도 깨끗하게 햇빛 드는 데 걸어 놓으면서 며칠씩 써 봐. 쓰레기를 줄여야지.

[추정 4] 코로나 3년간 사용한 일회용 마스크의 무게는 8만 4천 톤이다.

쓰레기 문제를 해결할 그날까지

　우리가 쓰고 다녔던 마스크는 황사용 마스크, 방역용 마스크야. 94, 80이라는 이름이 붙어 있지. 국민권익위원회에서 공개한 자료에 따르면, 우리나라에서는 한 사람이 평균 2.3일당 마스크 1개를 사용했대. 영국 BBC는 2020년에 세계적으로 매달 1,290억 개의 마스크가 버려졌다고 보도했어. 코로나 팬데믹은 그 자체로도 엄청난 사건이었지만 환경에도 심각한 문제를 일으킨 거야.

　이런 마스크는 필터 부분, 귀걸이 부분, 콧등의 철심이 재질이 달라 분리배출이 어려워. 쓰레기로 버릴 수밖에 없지. 쓰레기가 된 마스크를 땅에 묻으면 어떻게 될까? 철심이 썩어 없어지는 데는 100년, 귀걸이 부분이 썩어 사라지는 데는 300년, 필터 부분이 썩어 사라지는 데는 더 오래 걸려서 450년 이상이 걸린대. 그럼, 태우면 될까? 태우면 필터 부분에서는 다이옥신 등의 해로운 물질이 나온대. 다이옥신이 온실가스를 만드는 주범이기도 하고, 1급 발암물질이기도 한 건 알고 있지?

마스크 쓰레기를 해결하는 가장 좋은 방법은 무얼까? 당연히 마스크를 쓰지 않아도 되는 세상이 오는 거지. 그 전에 마스크를 써야 하는 상황이라면 어떻게 하면 될까? 분해가 잘되는 필터 개발하기? 좋은 해결책이야. 시간이 좀 필요하겠지. 폐마스크 재활용? 좋아. 마스크 끈으로 머리 끈을 만들고, 마스크로 화분, 쇼핑백, 의자를 만든 사람도 있어. 그냥 버리는 것보다 낫지만 재활용되는 마스크의 양이 너무 적어.

우리가 당장 할 수 있는 일도 생각해 볼까? 여러 번 사용할 수 있는 마스크 쓰기? 그렇지. 당장 할 수 있어. 다만, 일회용 마스크가 항균·항바이러스 기능이 가장 뛰어나니까 필요할 때는 일회용을 쓸 수밖에 없어. 하나 더. 마스크가 쓰레기 문제를 일으킨다는 걸 기억하기! 기억은 좀 오래 걸리기는 하지만 문제를 해결하는 강력한 힘을 가지고 있거든.

무게 단위 알아보기

1. 그램과 킬로그램

무게를 알려면 저울에 올려놓아야 해. 채소의 무게를 잴 때는 눈금 단위가 그램인 저울을 사용해. 사람 몸무게를 잴 때는 킬로그램인 저울을 사용해. 그램은 g, 킬로그램은 kg으로 나타내는데, k는 1,000을 뜻해. 그램 g 앞에 k가 오면 1,000배가 된다는 뜻이야. 그러니까 1 kg은 1,000 g이야.

그램을 킬로그램으로 바꾸려면 1,000으로 나누면 돼. 4,000 g은 4 kg, 4,000,000 g은 4,000 kg이야.

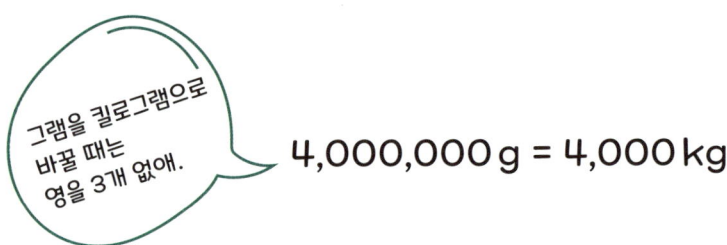

그램을 킬로그램으로 바꿀 때는 영을 3개 없애.

4,000,000 g = 4,000 kg

② **톤** 킬로그램보다 더 큰 단위도 있어. 톤(t)이라고 해. 톤은 킬로그램의 천 배야. 1 t은 1,000 kg이지. 킬로그램을 톤으로 바꾸려면 1,000으로 나누면 돼. 4,000 kg은 4 t, 4,000,000 kg은 4,000 t이야.

그램, 킬로그램, 톤 순서로 천 배씩 커진다는 걸 기억해. 거꾸로 톤, 킬로그램, 그램 순서로는 천 배씩 작아져. 이제 그램을 톤으로 바꿔볼게. 8천만 g은 80,000,000 g이야. 1,000으로 나누면 80,000 kg이야. 다시 1,000으로 나누면 80 t이야.

80,000,000 g = 80,000 kg = 80 t

4장
한 해 동안 사용하는
야구공은 몇 개?

오늘 우리 가족은 야구장에 다녀왔다. 가끔 야구장에 가지만 오늘은 특별했다. 파울볼이 나에게 날아왔기 때문이다. 파울볼이 날아드는 순간 글러브를 번쩍 들었는데, 공은 글러브에 맞고 바닥에 떨어져 통통거리며 굴러갔다. 문제는 아차, 하는 사이에 무심이가 먼저 굴러가는 공을 집어 들었다는 것이다. 집에 들어서며 무심이에게 말했다.

수담 : 아까 파울볼, 나 줘.
무심 : 왜? 내가 먼저 주웠는데.

무심이가 파울볼을 순순히 내놓을 리가 없다는 것쯤은 나도 안

다. 어떻게 내놓게 할 수 있을까, 궁리하느라 머리가 팽팽 돌아간다.

수담 : 시합에 사용되는 야구공이 얼마나 많은 줄 알아? 그 파울볼도 그중의 하나일 뿐이야.

많고 많은 공 중에서 하나일 뿐인데, 왜 달라고 할까. 아니, 이건 아닌데. 그러니까 달라는 말이었는데. 다시 한 번 더 시도하자. 무심이가 대답할 수 없는 문제를 내는 거다.

수담 : 한 해 사용하는 야구공이 몇 개인지 알아맞히면 달라는 말 안 할게.
무심 : 그쯤은 나도 계산할 수 있어.

그럴 리가 없다. 무심이는 논리에 약하다. 어딘가에서 말이 안 되는 말을 하는 순간, 저 공은 내 손에 들어온다.

 1 접근

한 해 동안 사용하는 야구공이란?

무심 : 한 해 동안 공을 몇 개 사용하는지 대충 알아보려면 '한 해' 열리는 야구 경기의 범위에 대해서 우리가 합의해야 해.

나는 무심이가 하는 말치고는 너무 유식해서 얼떨떨했다.

수담 : 그래야지. 프로야구 경기만 하자.

나는 말을 하자마자 아차, 했다. 고교야구나 아마야구는 물론 사회인야구까지 다 합치자고 해야 했다. 그래야 내가 이길 가능성이 커지는데. 이런, 내가 물을 엎어버렸나.

무심 : 좋아. 공은 새 공만 따지자. 공 한 개를 한 번만 사용하기도 하고, 여러 번 사용하기도 하겠지? 몇 번을 사용하든 상관없이 우린 새 공 몇 개를 사용하는지만 계산하는 거야.

수담 : 그래야겠지. 한 번 쓴 공을 연습할 때 또 쓰기도 한다는데, 그건 결국 같은 공이니까. 새 공만 따져야지!

나는 무심이가 너무 찬찬히 따져서 약간 불안해졌다. 무심이는 원래 이런 애가 아니었다. 잡학 다식하기는 하지만 내가 보기에는 쓸데없는 것만 머릿속에 구겨 넣고 사는 애였는데, 그동안 무슨 일이 있었나? 애가 좀 변한 거 같다.

[추정 1] 한 해 사용하는 야구공이란 프로야구 한 시즌 동안 사용하는 새 공을 말한다.

프로야구 경기는 몇 경기?

무심이는 야구공 개수를 어떻게 계산할까? 구장별로 몇 개씩 사용하는지 계산할 수도, 팀별로 몇 개씩 사용하는지 계산할 수도, 하루에 몇 개씩 사용하는지 계산할 수도 있을 텐데, 어떤 방법을 택할지 궁금하다. 혼자 무심이의 머릿속에서 벌어지는 일을 상상하는데 무심이가 말을 꺼냈다.

무심: 프로야구는 한 시즌에 팀당 144경기를 해.

수담: 그래. 야구 보는 사람이면 그 정도는 누구나 알지.

무심: 프로야구팀은 열 팀이지만 두 팀이 경기를 같이하니까, 144를 5배 하면 720이야.

수담: 그럼 720경기가 열리는 거야?

나는 속으로 여기서 끝나기를 바랐다. 무심이는 무심하니까 그럴 수 있지 않을까? 그러면 파울볼이 내 손으로 들어올 수 있다.

무심: 포스트시즌도 있잖아.
수담: 어. 잊어버린 줄 알았지.
무심: 작년에 포스트시즌에서 얼마나 아쉬웠는데, 그걸 잊어버리겠어? 아무튼 포스트시즌 경기는 최소 11경기, 최대 19경기니까 대충 15경기라고 할래. 이제 정규시즌과 포스트시즌 경기 수를 더하면 일 년 동안 프로야구는 735경기가 열리는 거야.

무심이는 일 년 동안 열리는 프로야구 경기 수로 735를 구했다. 아하, 무심이는 전체 경기 수에 한 경기마다 사용하는 야구공 개수를 곱할 생각이구나.

[추정 2] 한 해 동안 열리는 프로야구 경기 수는 735이다.

한 경기에서 사용하는 야구공은 몇 개?

수담 : 너, 한 경기에 야구공을 몇 개 사용하는지 알아?

무심 : 이제 생각해 봐야지.

무심이가 무심한 듯 대답했다. 나는 무심이의 논리에서 허점을 찾기 위해 긴장을 풀 수 없었다.

무심 : 보통 선발 투수가 6회까지 90구 정도 던진다고 보고 7, 8, 9회에 불펜과 마무리 투수가 20구씩 60구를 던진다고 하면, 한 경기에 150구를 던진다고 할 수 있어. 땅볼이나 안타처럼 운동장에 한 번 닿은 공은 다시 안 써. 파울 공도 다시 못 쓰지. 투수가 한 번 던진 공을 포수가 돌려줘서 다시 사용하는 건 스트라이크

나 볼일 때만이야.

무심이는 야구 해설자라도 된 듯 신나서 떠들었다.

무심 : 보통 한 경기에 안타는 대여섯 개, 땅볼은 안타의 두 배쯤. 파울공은 조금 더 많이 나오니까 모두 합해서 40개라고 보면 110구가 남아. 이게 포수가 직접 받은 공이야. 그중 절반만 다시 사용한다고 보면 한 경기에서 사용하는 공은 55개.
수담 : 더 많다던데. 공 내놔!
무심 : 끝까지 들어. 경기는 두 팀이 하는 거니까 한 경기에 사용하는 공은 110개야.

[추정 3] 한 경기에 사용하는 공은 110개이다.

> **4 계산**

한 해 동안 사용하는 야구공은 몇 개?

무심: 프로야구 한 경기에서 110개의 공을 사용한다는 걸 알았어. 한 해 동안 열리는 경기 수는 735이니까 이제 다 왔어. 735경기 곱하기 110개의 공을 구하면 돼.

무심이는 여기까지 말하고 730과 110을 곱하려고 연필로 종이에 끄적이기 시작했다. 페르미 추정을 할 때 연필을 사용하는 건 용납할 수 없다. 나는 무심이가 쥐고 있던 연필을 빼앗아 들고 말했다.

수담: 그걸 뭘 그렇게 힘들게 곱하냐. 아까도 이런 계산 쉽게 하는 거 봤잖아. 735에 100과 10을 따로 곱해. 735에 100을 곱하면 73,500, 10을 곱하면 7,350. 둘을 더하면 80,850이야!

　계산은 이런 식으로 머리를 써서 하는 거라고 몇 번이나 말해 줘도 무심이는 별로 상관하지 않는다. 머리를 써서 하나 연필을 써서 하나 결과는 똑같다는 표정이다.

　반면에, 나는 속으로 숨겼지만, 무심이의 추리력에 감탄했다. 이 정도면 무심이가 파울볼을 갖는 데 불만이 없다. 나는 다음에 홈런볼을 잡을 테다.

[추정 4]　한 해 동안 사용하는 야구공의 개수는 80,850개이다.

> **5 검증**

야구공 실밥의 비밀

　야구공의 실밥은 108개로 정해져 있어. 실밥이 없는 매끈한 공을 던질 때보다 실밥이 있는 공을 던질 때 공의 속력이 더 빨라져. 실밥이 없으면 공 뒤쪽에 공을 뒤로 잡아끄는 소용돌이가 생기거든. 투수가 지금처럼 빠른 공을 던질 수 있는 건 실밥 덕분이야.

　실밥의 힘이 속도에만 있는 건 아니야. 공을 던질 때 실밥이 어떤 위치에 있느냐에 따라 공이 회전하는 방향과 속도가 달라져. 투수들은 공을 던지기 전에 손가락으로 실밥을 더듬어. 어떤 손가락을 어떻게 걸치느냐에 따라 커브, 슬라이더 등 다양한 변화구가 만들어지는 거야. 이렇게 실밥의 역할이 중요하기 때문에 투수들은 실밥이 새것인 공을 원하는 거야. 실밥이 새것이면 당연히 공도 새것이지. 그래서 프로야구에서 투수는 주로 새 공만 던져.

투수가 던진 공이 안타가 되면 포수는 당연히 심판에게 새 공을 받아서 투수에게 던져 줘. 배트에 맞아서 심한 충격을 받은 공은 실밥이 조금씩 끊어져서 투수가 원하는 대로 던지기 어렵거든. 투수가 던진 공이 땅에 한 번 튀어도 마찬가지야. 공에 흙이 묻거나 흙에 밀려 실밥이 흐트러져도 투수가 원하는 대로 던지기 어려우니까. 이럴 때 포수는 투수에게 새 공을 던져 줘. 한 번 던진 공을 또 던질 때도 있을까? 당연하지. 스트라이크인 공은 다시 사용해.

투수는 보통 한 경기에 100개에서 120개 정도의 공을 사용한대. 그런데 경기 전에 투수들이 손끝의 감각을 익히기 위해 새 공으로 캐치볼을 하기도 하고, 경기 중간에 불펜에도 새 공을 주니까 실제로는 150개 이상의 새 공을 사용한다고 보면 될 거야. 물론 타격전이 벌어지는 날에는 공을 더 많이 쓰게 될 거고.

5장
오늘 전교생이 먹은 밥알은 몇 알?

점심시간에 배식대 앞에 서서 한 발씩 움직이는데, 바로 내 앞에서 밥솥이 바뀌었다. 새 밥솥 뚜껑이 열리자 순식간에 김이 확 퍼지면서 갓 지은 밥 특유의 냄새가 나를 삼켜 버렸다. 그 고소한 밥 냄새 속에서 새삼스럽게 우리 학교 학생들이 점심때 먹어 치우는 밥이 얼마나 많을까 궁금해졌다.

수담: 와! 새 밥이다.
무심: 아까 것도 새 밥이었어.

무심이의 말이 맞긴 하다. 식당에서 주는 밥은 모두 갓 지은 새 밥이다. 헌 밥, 아니 묵은 밥을 줄 리 없다. 그래도 밥솥을 처음 헐어서 푸는 밥은 새 밥 중 새 밥이다. 따끈따끈한 밥알을 씹을 때 그 달짝지근한 맛을 떠올리면서 식욕이 확 돌았는데, 무심이의 무심한 말에 다 날아가 버렸다.

그래도 날아가지 않은 것이 있긴 하다. 우리 학교 학생들이 점심시간에 얼마나 많은 양의 밥을 먹는지, 즉 몇 톨의 쌀을 먹는지에 대한 궁금증은 아직 그대로 있다.

> 수담: 너 우리 학교 애들이 오늘 점심시간에 먹어 치우는 쌀이 몇 톨인지 알아?
> 무심: 알아서 뭐 하게?

알아서 뭐 하긴. 꼭 뭘 해야 하는 건 아니다. 나는 아는 거 자체가 재미있는데, 무심이는 쌍둥이지만 나와는 확실히 다르다.

> 1 접근

먹는 양은 모두 같다

 무심이가 밥알 개수를 계산하게 하려면 뭐라고 말을 해야 할까 궁리하고 있는데, 밥을 한 숟가락 뜬 무심이가 먼저 말했다.

무심: 오늘 전고생이 먹는 쌀알의 개수를 계산하려면 미리 정해야 할 게 있어.
수담: 그게 뭔데?

나는 매우 반가워서 얼른 말을 받았다.

무심: 모두 똑같이 먹는다고 가정해야 해.
수담: 그렇지. 페르미 추정은 어림셈으로 알아보는 거니까 그런 가정이

필요하지. 또, 뭘 정해야 할까?

무심 : 글쎄. 다른 건 뭐….

수담 : 쌀알의 크기도 똑같다고 가정해야 해. 실제로는 조금씩 차이 나지만.

나는 말을 마치고 밥을 한 숟가락 먹었다. 밥알의 개수를 세는 동안 밥을 안 먹을 수는 없으니까. 새로 한 숟가락 떠서 계산하는 동안 밥알도 씹고 반찬도 먹으면 된다.

[추정 1] 모든 학생이 똑같은 양을 먹고, 쌀알의 크기도 일정하다고 가정한다.

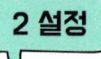 2 설정

한 숟가락은 몇 알?

나는 밥을 새로 뜬 숟가락을 눈앞에 들어 보았다. 밥알이 뭉쳐 있어 몇 개인지 가늠하기 어려웠다. 확실한 건, 밥알 개수를 일일이 세지는 않을 거라는 사실이다.

수담: 이 밥 한 숟가락에 쌀이 몇 톨이나 있을까?

무심: 세진 않을 거지?

수담: 당연하지. 어림셈으로 해야지.

무심: 도형으로 접근해야 하지 않을까?

수담: 숟가락은 길쭉한 모양인데, 이렇게 길쭉한 도형은 넓이나 부피를 어떻게 구하지?

무심: 몰라. 차라리 밥알을 직접 세자. 숟가락에서 위로 갈수록 점점

> 줄어들면서 음…. 밥알이 5층으로 쌓였다고 볼래.

무심이가 숟가락을 눈높이로 치켜들고 세밀하고 살피며 말했다. 나도 밥숟가락을 들고 자세히 보았다. 밥알을 세지 않겠다는 결심은 이미 어디론가 날아가 버렸다.

> 수담 : 좋아. 5층은 밥알이 20톨이야. 4층은 두 배 해서 40톨이라고 하면 적당하겠지.
> 무심 : 3층, 2층, 1층은 두 배보다는 적어 보이니까 70톨, 130톨, 250톨 정도로 하자.
> 수담 : 모두 더하면 510톨. 간단하게 알아보는 거니까 500톨로 하자.

갑자기 무심이가 든든하게 느껴졌다. 밥숟가락을 들고 긴장해 보긴 처음이었는데, 무심이와 이야기를 주고받다 보니 밥알 개수가 생각보다 쉽게 구해졌다.

[추정 2] 밥 한 숟가락에 쌀이 500톨 있다.

식판에 담긴 밥은 몇 숟가락?

밥 한 숟가락에 담긴 밥알의 개수를 계산한 우리는 남은 밥을 열심히 먹었다. 몇 숟가락 만에 식판에 담긴 밥이 다 없어지는지 세면서.

무심: 열 숟가락!
수담: 나는 열한 숟가락!

우리는 마지막으로 남은 밥을 싹싹 긁으며 외쳤다. 무심이는 식판에 담긴 밥이 열 숟가락, 나는 열한 숟가락이었다. 이런 경우에는 어떻게 해야 하나.

무심 : 한 숟가락에 밥이 500톨인데, 나는 열 숟가락, 너는 열한 숟가락이라….

수담 : 510톨에서 500톨로 줄였으니 이번엔 큰 쪽인 열한 숟가락으로 하자.

페르미 추정은 간단하게 알아보는 거니까 오차가 날 수밖에 없다. 한 번 줄였으니 한 번은 늘려주는 것이 오차를 줄여주는 좋은 방법이다.

┌───┐
│ [추정 3]   식판에 담긴 밥은 열한 숟가락이다. │
└───┘

> **4 계산**

오늘 전교생이 먹은 밥알의 개수는?

 이제 한 사람이 점심시간에 먹는 밥의 양을 계산할 수 있게 되었다. 밥 한 숟가락에는 밥알이 500톨, 한 사람이 먹는 양은 11숟가락!

무심: 한 사람이 먹는 밥알이 몇 개인지 알려면 밥 한 숟가락에 담긴 밥알의 개수 500톨에 11숟가락을 곱하면 돼.

수담: 계산은 내가 잘하지. 11숟가락을 10숟가락과 1숟가락으로 나누면 훨씬 편해. 10숟가락은 5,000톨, 1숟가락은 500톨이니까 더하면 5,500톨.

무심: 전교생이 먹은 밥알의 개수를 구하려면 우리 학교 학생이 몇 명인지 알아야 해.

수담: 한 반에 25명인데, 한 학년에 여섯 학급이 있고, 또 여섯 학년이 있잖아. 25에 6 곱하기 6을 하려면 계산이 좀 복잡하네.

무심: 너 머리 쓰는 거 잘하잖아. 잘 계산해 봐.

수담: 그렇긴 하지. 히히. 잘 봐! 6은 2와 3을 곱한 수잖아. 25에 6을 두 번 곱할 때는 먼저 25에 2를 두 번 곱해. 100이야. 여기에 3을 두 번 곱해서 900. 짠~

무심: 와, 예술이다! 그럼 이제 900명 곱하기 5,500톨은?

수담: 900을 1,000 빼기 100으로 생각하면 간단하잖아. 1,000명이 먹은 건 5,500에 1,000을 곱해서 5,500,000톨, 100명이 먹은 건 5,500에 100을 곱해서 550,000톨이야.

무심: 1,000명이 먹은 거에서 100명이 먹은 걸 빼면 4,950,000이야! 우리 학교 애들이 오늘 점심시간에 먹어 치운 밥알이 495만톨? 놀라운걸.

[추정 4] 오늘 전교생이 먹은 쌀은 약 495만 톨이다.

> 5 검증

밥 대신 쌀

밥은 서로 엉겨 붙어 있어 한 숟가락의 밥이 몇 톨인지, 한 공기의 밥이 몇 톨인지 파악하기는 어려워. 밥이 몇 톨인지 알아보려면 밥을 하기 전, 그러니까 쌀 상태일 때가 좋아. 쌀은 무게를 재기도 좋고, 낱개로 세기도 좋으니까. 쌀 100톨을 저울에 재보면 2그램 정도야. 보통 밥 한 공기는 120그램이니까 쌀 6천 톨이고.

세어 봤냐고? 당연하지. 쌀을 연구하는 사람들이 얼마나 많은데. 쌀의 품질을 연구하기도 하고, 영양 성분을 연구하기도 해. 농사짓는 사람들도 품질 좋은 쌀을 생산하는 데 관심이 많아. 햇반을 만들어 파는 사람들도 마찬가지야. 무게를 달고 몇 톨인지 세어 보는 건 당연한 일이야.

사실 쌀알을 헤아리는 일은 쉽진 않아. 그래서인지 이런 이야기가 전해 내려와. 조선시대 때 이야기라고 하는데, 정확하게 누구의 이야기인지는 알지 못해. 어느 집 도령이 맨날 놀기만 하자 아버지가 해 지기 전에 멍석에 깔린 쌀이 몇 알인지 세라고 했대. 고생 좀 하라는 거지. 도령은 알겠다고 대답하고는 계속 놀기만 했대. 주변 사람들의 걱정도 아랑곳하지 않고. 해 질 녘에 아버지가 부르자 쌀을 다 셌다고 대답했대. 어떻게 된 일이냐고? 쌀알의 개수는 한 홉만 세면 되니까. 열 홉은 한 되, 열 되는 한 말, 열 말은 한 섬이니까 곱하기만 남은 거지.

6장
전 세계 사람들이
우리나라에 다 앉을 수 있을까?

오늘은 운동회 날. 전교생이 모두 운동장 계단에 앉아 경기에 참여하고 응원하는 열기가 가득 차는 날이다. 이어달리기에 출전하려고 몸을 풀고 있는 무심이에게 말을 걸었다.

수담 : 이렇게 많은 애들이 운동장 계단에 다 앉을 수 있다는 게 신기해.

무심 : 운동장을 꽉 채울 줄 알았는데, 생각보다 운동장이 넓은가 봐. 여길 다 채우려면 사람이 얼마나 많아야 할까?

수담 : 그것보다 전 세계 사람들이 모두 앉으려면 얼마나 넓은 땅이 있어야 할지 계산해 볼래?

무심 : 그래. 전 세계 사람들이 우리나라에 다 모여 앉을 수 있는지 내

기하자.

무심이와 나는 생각에 잠겼다. 있다고 할까, 없다고 할까. 계산할 시간은 없고 일단 마음이 기우는 쪽으로 정하고 시작해야 하는데.

수담 : 나는 '없다'에 걸 거야. 우리나라는 상당히 작은 나라잖아. 다 앉을 수 있을 리가 없어.
무심 : 그럼 나는 '있다'에 걸어야지 뭐.

나는 근거 없이 느낌으로 '없다'에 걸어서 불안했다. 무심이를 흘 긋 보았더니 별로 자신 있어 보이지는 않았다. 나랑 반대로 간 것뿐 이니 그럴 수도 있고, 워낙 무심한 애라 그럴 수도 있다. 어느 쪽이 든 이미 주사위는 던져졌다.

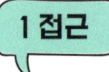

세계 인구는? 우리나라 넓이는?

전 세계 사람들이 모두 우리나라에 와서 앉을 수 있는지 알아볼 때, 직접 올 필요는 없다. 모두 왔다고 가정하고 앉을 수 있는지 판단하면 되는 거다. 그러기 위해서는 뭘 알아야 할까?

수담 : 우리가 뭘 알아야 시작할 수 있을까?
무심 : 우선 전 세계 인구가 몇 명인지 알아야겠지?
수담 : 60억 명 아닌가?
무심 : 80억 명이야. 2022년 가을에 국제연합에서 발표했어.

무심이가 요새 뉴스를 열심히 보더니 이런 데 쓸모가 있으려고 그랬나 보다. 10억 명씩 늘어나는 데 걸리는 햇수가 점점 줄어든다는 기사는 읽은 적이 있는데, 벌써 80억 명이라니.

수담: 오, 똑똑한데? 그럼 우리나라 땅 넓이는 얼마야?

무심: 남북한 합치면 22만 km²라고 배웠지.

수담: 그중에 남한 넓이만 쳐야겠지?

무심: 좋아. 80억 명이 10만 km²에 앉을 수 있느냐, 없느냐로 문제가 명료해졌어.

수담: 그럼 이제 앉는 문제를 해결하자. 80억 명에서 시작할 수는 없고, 작은 단위에서 시작해야겠지? 한 사람이 앉으려면 어느 정도의 넓이가 필요할까?

[추정 1] 세계 인구 80억 명, 우리나라 넓이는 10만 km²이다.

6장 전 세계 사람들이 다 우리나라에 앉을 수 있을까?

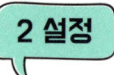

정해진 넓이 안에 앉기

내 말이 끝나기가 무섭게 무심이가 다리를 걷어 올려 책상다리를 하고는 무릎에서 무릎까지의 거리를 가늠하며 말했다.

무심 : 책상다리를 하고 앉으면 내가 차지하는 폭이 60 cm가 넘겠는걸. 그럼 성인을 생각하면 한 사람의 폭은 70 cm에 여분 10 cm를 더해서 80 cm, 앞뒤로는….

수담 : 좀 복잡한걸. 그것보다는 넓이가 1 m²의 정사각형에 몇 사람이 앉을 수 있는지를 정하는 게 계산이 훨씬 편할 것 같아.

2002년 월드컵 때 사람들이 광화문 광장에 많이 모여 응원했다는 걸 뉴스에서 본 적이 있다. 사람들이 몇 명이나 모였는지 설명하면서 넓이를 기준으로 설명했었다. 자세히는 기억 안 나지만 1㎡의 공간에 사람이 몇 명 앉을 수 있는지를 기준으로 정하면 그다음 계산을 해나갈 수 있을 터다.

무심 : 넓이가 1㎡인 정사각형을 절반으로 나눠서 두 명이 앉는다고 하면 어때? 옆 사람과 무릎이 부딪히지는 않을 건데, 앞사람 엉덩이에 뒷사람 다리가 닿을 수는 있겠어.

수담 : 그래. 혼자 앉기에는 여분이 좀 많고, 둘이 앉는다고 하면 조금 좁지만 앉을 수는 있을 것 같으니 둘이 앉는다고 하자.

[추정 2] 넓이가 1 m²인 공간에 2명이 앉는다.

전 세계 사람들이 모두 앉으면?

우리는 '넓이 1㎡ 안에 2명이 앉는다'를 기준으로 삼기로 했다. 그러면 10㎡에는 20명, 100㎡에는 200명과 같이 점점 늘려 나갈 수 있다.

무심: 우리가 하려는 건 10만 ㎢의 넓이에 몇 명이 앉을 수 있느냐가 아니야. 80억 명이 앉으려면 땅 넓이가 얼마인가를 알아보는 거야. 두 가지가 통하는 이야기이지만 80억 명이라는 사람 수를 먼저 생각하는 게 좋겠는데.

수담: 아, 그렇겠다. 기준을 '2명이 1㎡의 땅에 앉는다'로 바꿔 생각하자.

무심: 2명을 2천 명으로, 2천 명을 2만 명으로. 이런 식으로 늘려 가

면서 80억 명까지 가면 되겠다.

수담: 그렇게 천천히 갈 필요 없어. 한 번에 확 가자. 2명에서 2억 명으로. 그다음에는 2억 명을 40배를 해서 80억 명으로.

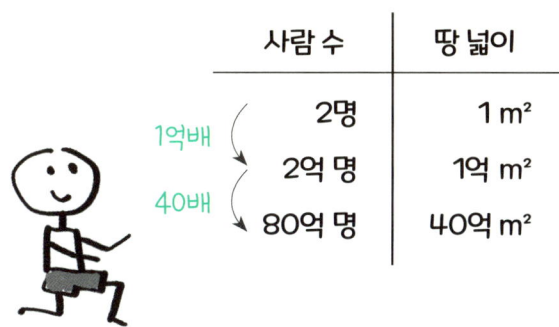

	사람 수	땅 넓이
	2명	1 m²
1억배 ↘	2억 명	1억 m²
40배 ↘	80억 명	40억 m²

[추정 3] 80억 명이 앉으려면 40억 m²의 땅이 필요하다.

> **4 계산**

우리나라 넓이와 비교하기

우리나라의 땅 넓이는 10만 km²이다. 우리나라에 80억 명이 앉을 수 있는지 확인하려면 40억 m²를 제곱킬로미터로 바꿔 비교해 보아야 한다.

수담: 제곱킬로미터는 가로, 세로가 모두 킬로미터일 때의 넓이야.

무심: 제곱미터를 제곱킬로미터로 바꾸려면 길이를 미터에서 킬로미터로 바꾸면 돼?

수담: 그렇지. 1 km²는 가로, 세로가 1 km인 정사각형 넓이니까 가로, 세로를 모두 1,000 m로 생각하는 거야.

무심: 그럼 넓이는 1,000을 두 번 곱하면 되니까 영을 6개 쓰면 되네?

수담 : 곱하기 잘하는데! 1 km²와 1,000,000 m²는 같아. 1백만 m²가 1 km²와 같다는 거지.

무심 : 이제 100배 하면 1억 m²는 100 km²와 같고, 다시 40배 하면 40억 m²는 4,000, 즉 4천 km²와 같아.

수담 : 그러면 우리나라 땅 넓이보다 훨씬 작은데? 우리나라에 전 세계 사람들이 와서 앉고도 남는다는 말이야?

으윽, 난 머리를 쥐어뜯었다. 전 세계 사람들이 다 앉는 데 그렇게 작은 땅으로 충분하다고? 1 m²에 한 명씩 앉는 걸로 바꿔도 우리나라에 다 앉고도 남으니 할 말이 없게 되었다.

[추정 4] 4천 km²의 땅에 전 세계 사람들이 모두 앉을 수 있다.

5 검증

사람과 땅

 80억 명의 사람이 앉으려면 4천 km²의 땅이 필요하다고 구했어. 그런데 우리나라의 땅 넓이는 10만 km²로 4천 km²보다 훨씬 넓어.
 우리나라 9개의 도 중에 전 세계의 사람들이 모두 앉을 수 있는 도가 있을까? 9개의 도 중에서 넓이가 가장 작은 제주특별자치도는 넓이가 1,850 km²야. 전 세계 사람들이 모두 앉을 수는 없고 절반인 40억 명 정도가 와서 앉을 수 있어. 그다음으로 작은 충청북도는 넓이가 7,408 km²야. 충청북도 한곳에 전 세계 사람이 모두 와서 앉고도 남아. 모두 와서 앉을 일은 없겠지만, 페르미 추정은 정말 대단해. 근거 없는 느낌을 뒤집어 버렸어.

 이번에는 거꾸로 생각해 보려고 해. 전 세계의 땅을 모든 사람이 나눠 갖는다면 한 사람 몫은 얼마 만큼일까? 전 세계의 땅 넓이는 약 1억 5천만 km²야. 80억 인구로 나누기 위해서 1억 6천만 km²라고 할게. 1억 6천만을 80억으로 나눈다는 건 1.6을 80으로 나누는 것과 같으니까 0.02 km², 즉 20,000 m²야.

넓이가 20,000 m²인 정사각형의 한 변의 길이는 얼마일까? 140을 두 번 곱하면 19,600으로 20,000과 거의 같아. 그러니까 한 변의 길이가 140 m인 정사각형은 넓이가 2만 m²인 정사각형과 거의 같아. 지구의 땅덩어리를 80억 명의 인구가 공평하게 나눠 가진다면 한 사람 몫은 가로, 세로가 140 m인 정사각형 모양이라는 거지. 웬만한 학교 운동보다 훨씬 넓어. 그런데도 손바닥만 한 땅도 차지하지 못하는 사람이 있다는 건 슬픈 일이야.

넓이 단위 알아보기

① 넓이 단위 한 변의 길이가 1 cm인 정사각형의 넓이를 1 cm²라고 쓰고, 1제곱센티미터라고 읽어. 한 변의 길이가 1 m인 정사각형의 넓이를 1 m²라고 쓰고, 1제곱미터라고 읽어. 한 변의 길이가 1 km인 정사각형의 넓이를 1 km²라고 쓰고, 1제곱킬로미터라고 읽어.

② 넓이 단위 바꾸기 넓이가 1 m²인 정사각형의 넓이를 제곱센티미터로 바꿀 때는 1 m가 100 cm라는 것을 이용해. 100을 두 번 곱하면 10,000이야. 넓이 1 m²는 10,000 cm²와 같아.

 넓이가 1 km²인 정사각형의 넓이를 제곱미터로 바꿀 때는 1 km가 1,000 m라는 것을 이용해. 1,000을 두 번 곱하면 1,000,000이야. 넓이 1 km²는 1,000,000 m²와 같아.

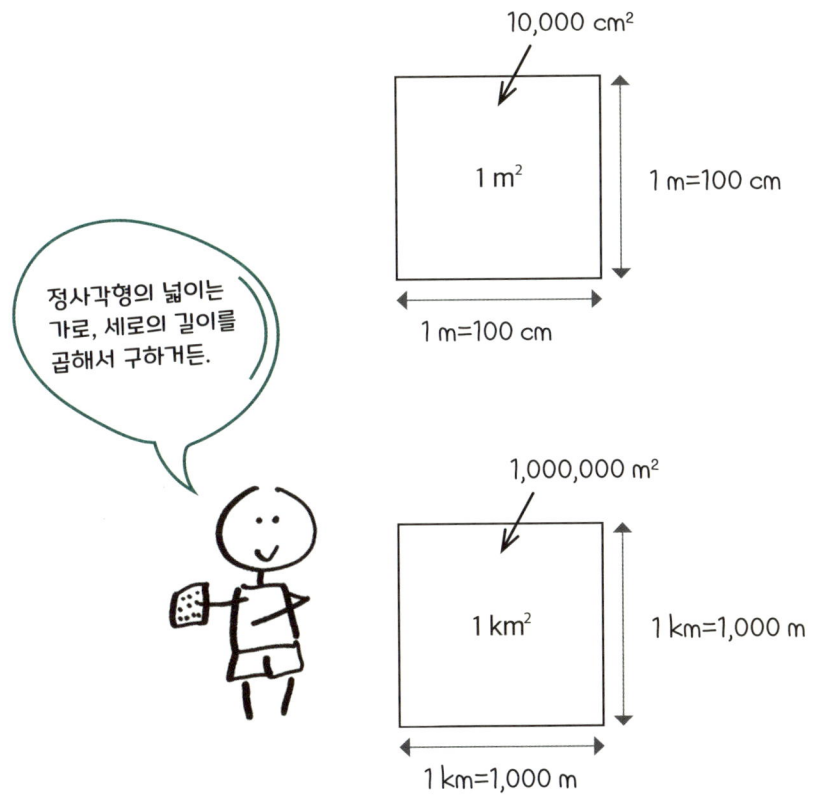

7장
내 머리카락은 몇 가닥?

엄마는 청소할 때마다 웬 머리카락이 이렇게 많이 빠지냐고 한 번도 빼먹지 않고 말씀하신다. 내 머리카락이나 무심이 머리카락은 아니다. 우리 머리카락이라기에는 길다. 분명 엄마의 머리카락이다. 저렇게 빠지다가는 언젠가 대머리가 되지 않을까 염려될 지경이다. 나는 무심이에게 속삭였다.

수담 : 엄마가 대머리 되면 어떡하지?
무심 : 빠지는 만큼 새로 나는 거 모르냐?

그걸 모르는 게 아니다. 빠지는 속도가 무섭다는 말이지. 무심이는 확실히 나보다 무심하다.

무심 : 머리카락이 얼마나 많은데 그런 걱정을 하냐?

수담 : 얼마나 많은데?

무심 : 계산 도사가 계산해 보시지.

이런, 무심이 나에게 페르미 추정을 해보라는 말을 하다니. 뭘 하라고 하는 건 항상 내 차지였는데, 역습을 당했다. 그래도 사람 머리카락이 몇 가닥인지 추정해 보는 건 재미있을 것 같다. 잘되면 다음엔 나의 냥냥이 털이 몇 가닥인지도 계산해 볼 수도 있겠다.

수담 : 그래, 사람 머리카락이 몇 가닥이나 될지 추정해 보자.

나는 계산 도사답게, 냥냥이 집사의 품위를 유지하며 호기 있게 말했다.

무얼 알아야 할까?

사람마다 머리카락의 수가 다르지만, 페르미 추정은 말 그대로 추정이다. 무심이를 모델로 해서 사람의 머리카락이 몇 가닥이나 되는지 추정해 보자.

수담: 네 머리카락이 몇 가닥인지 알기 위해서 미리 정해야 할 게 뭘까?

무심: 겉에서 볼 때는 머리카락이 수북이 덮여 있지만, 머리카락을 가르고 가까이 들여다보면 두피에 머리카락이 듬성듬성 나 있어.

수담: 그렇지. 먼저 머리카락 간격을 정해야 해. 그다음에는 머리카락이 어느 정도의 넓이에 나 있는지도 정해야겠다.

머리카락이 뒤덮은 부분을 두피라고 부른다. 두피 넓이를 정하려면 두피 모양도 정해야 한다. 사람의 머리는 길쭉한 수박처럼 생겼다. 원이라고 하기엔 평평하지도 않다. 두피를 사각형 여러 개로 나누어서 넓이를 구할 수도 있지만 페르미 추정을 굳이 복잡하게 할 필요는 없다. 얼굴은 들어가고 튀어나온 부분이 있지만 머리는 매끈한 곡면이니 머리에만 집중하자.

수담: 두피 넓이를 정하려면 머리를 어떤 도형으로 볼 건지 먼저 정해야 해.
무심: 아무래도 입체 도형으로 봐야겠지?

머리가 입체 도형이니 두피는 당연히 입체 도형의 일부이다. 어떤 입체 도형에 가까울지 무심이 머리를 만져 봐야겠다.

[추정 1] 머리카락 간격과 두피 넓이를 정해야 한다.

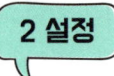

모낭과 머리카락

　머리카락 간격을 알기 위해서 무심이의 머리를 내 쪽으로 기울여서 머리카락을 가르면서 두피를 들여다보았다. 그런데 머리카락이 모두 한 가닥씩 떨어져 있지 않고 두 가닥, 세 가닥이 모여 있는 것들도 보였다. 무심이 두피를 들여다보며 살짝 당황한 채로 말했다.

수담: 머리카락이 한 가닥씩 나 있는 게 아닌가 봐.
무심: 한 모낭에서 나오는 머리카락 수가 다르대.
수담: 모낭?
무심: 머리카락 뿌리를 싸고 있는 주머니라고 생각하면 돼. 거기에서 어떤 경우에는 한 가닥이 나오고, 어떤 경우에는 두 가닥, 세 가닥이 나오는 거지.

무심이는 잡학사전이다. 세상사에 무심한 듯 보여도 책이나 인터넷에서 온갖 이야기를 다 끌어모아 머릿속에 저장해 놓고 산다. 나는 무심이 이야기를 들으며 계속 머리카락을 헤집었다. 무심이 말대로 모낭마다 가닥수가 달랐다. 혼자 사는 집도 있고, 두 명이 사는 집도 있고, 세 명이 사는 집도 있는 것처럼 모낭마다 머리카락 수가 다른가 보다.

무심: 모낭 간격은? 아니, 1 cm 길이 정도에 머리카락이 몇 가닥인지 가늠해 봐.

수담: 10가닥 아니 12가닥? 1 cm² 당 머리카락이 120가닥 있다고 하면 되겠다.

[추정 2]   두피 1 cm² 당 머리카락은 120가닥 있다.

두피 넓이는?

두피의 모양을 정하기 위해서는 머리에서 얼굴은 제외하고 생각하는 것이 좋다. 얼굴은 눈, 코, 입처럼 시선을 뺏는 것들이 있어서 모양을 가늠하는 걸 방해한다. 나는 무심이 옆으로 옮겨 앉아 머리카락을 밀어 올렸다. 얼굴과 두피의 경계선, 목과 두피의 경계선이 드러났다.

수담: 두피 모양은 생각보다 간단하겠는데?

무심: 그래? 어떤 모양인데?

수담: 귀가 좀 파먹긴 했지만 구를 절반 자른 모양이야. 얼굴은 보지 않고 두피만 보니까 모양이 잘 보인다.

무심: 그러면 두피 넓이는 구의 겉넓이의 절반이겠네?

수담 : 음. 지름은 24 cm라고 하면 되겠어.

내가 손가락을 쫙 펴서 무심이 머리에 대어 보면서 말했다.

수담 : 이제 두피 넓이를 계산할게. 구의 넓이는 원 넓이의 4배니까 우리는 원 넓이의 2배를 구하면 돼.
무심 : 원 넓이는 어떻게 구해?
수담 : 반지름 곱하기 반지름 곱하기 3.14인데, 3으로 해.
무심 : 반지름이 12 cm이니까 두피 넓이는 12 곱하기 12 곱하기 3의 2배.
수담 : 144 곱하기 6을 계산하면 864 cm²야. 간단하게 860 cm²라고 하자.

[추정 3]   두피 넓이는 860 cm² 이다.

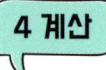

무심이 머리카락 개수

이제까지 알아낸 것을 정리해 보자. 무심이의 두피 넓이는 860 cm²이고, 머리카락은 1 cm²당 120가닥씩 있다.

무심: 생각보다 빨리 알아내겠는데?

수담: 이젠 곱하기만 남은 거지. 860과 120을 곱하면 돼. 86과 12를 곱하고 영을 두 개 붙이면 돼.

무심: 12는 10과 2를 더한 걸로 볼 거지?

수담: 이젠 좀 아네! 86에 10을 곱하면 860, 86에 2를 곱하면 172. 둘을 더하면?

무심: 1,032. 여기에 영을 두 개 붙이면 103,200이야. 10만 가닥이 넘는다는 거네. 내 머리에 그렇게 머리카락이 많았나?

수담: 네 머리에 털이 진짜 많구나. 털복숭이!

무심이 머리에 손가락을 쑥 밀어 넣으며 말했다. 빽빽한 밀림으로 들어가는 듯 손가락에 걸리는 느낌이 무거웠다. 엄마는 머리카락이 가늘고 힘이 없던데 무심이는 다르다. 아직 어려서 그런가? 무심이 머리카락을 엄마에게 옮겨 드리고 싶다.

[추정 4] 무심이 머리카락은 103,200가닥이다.

나와 머리카락 수가 같은 사람

사람의 머리카락 수는 머리카락의 색깔에 따라, 나이에 따라, 건강 상태에 따라 달라. 보통 10만 가닥에서 15만 가닥이래. 어떤 사람의 머리카락이 몇 가닥인지 센다는 건 말이 안 되는 일이지만, 이런 질문은 할 수 있어.

"이 도시에 나와 머리카락 수가 같은 사람이 있을까?"

사람 머리카락이 10만 가닥이라고 해봐. 그러면 머리카락이 한 가닥도 없는 사람부터 한 가닥인 사람, 두 가닥인 사람… 이런 식으로 10만 가닥인 사람까지 있으려면 10만 1명이 있으면 돼. 물론 실제로는 머리카락이 없는 사람부터 10만 가닥인 사람까지 한 명씩 늘어서는 건 아니야. 극단적으로 생각하면 이렇게 될 수도 있다는 것이고, 이런 경우라도 10만 1명의 머리카락 수는 모두 다르고, 10만 2명부터는 누군가 머리카락 수가 같은 사람이 생길 수밖에 없어.

이런 원리를 비둘기 집의 원리라고 해. 비둘기 집이 4개 있고, 비둘기가 4마리 있다면 집마다 한 마리씩 넣을 수 있어. 그런데 한 마리가 더 오면 두 마리가 들어가는 집이 생길 수밖에 없다는 원리야.

그러니 내가 사는 도시의 인구가 10만 2명 이상이라면 나와 머리카락 수가 같은 누군가가 반드시 있을 수밖에 없어. 물론 누군지는 모르지.

다각형의 넓이, 원의 넓이 알아보기

1 다각형의 넓이   가로와 세로가 1인 정사각형의 넓이를 1이라고 해. 밑변과 높이가 1인 삼각형의 넓이가 $\frac{1}{2}$인 이유지. 모든 다각형의 넓이는 삼각형으로 나누어서 구할 수 있어. 아래 그림처럼 말이야.

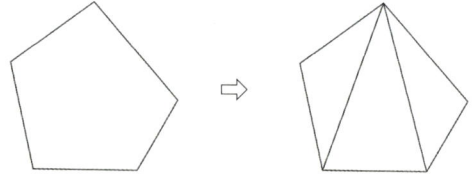

2 원의 넓이   원처럼 둥근 도형은 삼각형으로 나눌 수가 없어. 그래서 작은 삼각형으로 나눠. 더 작게 나눠. 계속 더 작게 나눠…. 선처럼 가느다란 삼각형의 넓이를 다 더하면 원의 넓이와 같아. 원의 넓이를 (반지름)×(반지름)×3.14로 구하는 이유야.

　잠깐! 여기서 3.14는 원주, 즉 원의 둘레의 길이를 지름으로 나눈 값이야. 원주율이라고 불러. 3.14159265358979…로 끝나지 않는 수야. 그러니 3.14 대신 3으로 간단하게 계산해도 별 문제 없어.

8장
평생 마실 물로 욕조를 채운다면?

냉장고를 열고 물병을 집어 들었더니 가뿐하게 들린다. 조금 전까지만 해도 묵직했는데. 무심이가 어느새 또 마셨나 보다. 내가 마시려고 할 때마다 벌어지는 일, 무심이에게 한마디 하고야 말았다.

수담: 네 몸은 온통 물로 만들어졌겠다!
무심: 응, 우리 몸은 물이 70퍼센트라던데.

아이코. 무심이의 당당한 대꾸에 할 말을 잊었다. 맞는 말이다. 우리 몸은 대부분이 물로 이루어졌지. 어떻게 무심이를 한 방 먹일까 궁리하다가 물었다.

수담 : 사람이 한평생 물을 얼마나 많이 마시는지 아니? 평생 마실 물로 욕조를 채운다면 욕조가 몇 개나 필요할까?

무심 : 그걸 알아서 뭐 해?

수담 : 그래도 궁금하잖아. 사람은 엔간히 굶어도 살지만, 물은 며칠만 못 마시면 죽는다는데.

무심 : 글쎄, 백 개는 넘겠지?

살고 죽는 문제를 거들먹거려서일까 태평하던 무심이가 대답은 했다. 나는 무심이에게 바짝 다가앉았다.

수담 : 너무 대충 말하지 말고. 따질 건 따지면서 계산해야지.

1 접근

누가 마시는 물로 할까?

수담: 백 개라고 성의 없게 대답하지 말고 페르미 추정을 해보자.
무심: 물은 마시라고 있는 거지 세라고 있는 게 아니야.
수담: 세자는 게 아니잖아. 페르미 추정을 하자고.
무심: 내가 왜 또?

무심이가 꽤 버티지만, 나에게도 비장의 무기는 있다.

수담: 물은 네가 더 많이 마시니까. 매번 내가 마시려고 하면 물병이 비어 있으니까. 네가 이 세상 사람 전체의 대표는 아니지만, 누군가 한 사람을 정하지 않고는 사람이 평생 마시는 물의 양을 생각해 볼 수 없잖아.

내 말이 길어지자 무심이가 손을 절레절레 흔들며 그러라고 한다.

[추정 1] 무심이를 사람의 대표로 정한다.

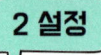
 2 설정

내가 마시는 물의 양

하루에 물을 얼마나 마시는지, 몇 살까지 산다고 할 건지와 같이 계산 전에 몇 가지를 설정해야 한다. 우선, 무심이가 하루에 마시는 물의 양을 정해 보자.

수담: 넌 하루에 물을 몇 리터(L) 마시는 것 같아?

무심: 리터는 모르겠고, 내 컵으로 다섯 번 정도? 더 마실 때도 있고.

수담: 그럼 하루에 다섯 컵 마신다고 하자.

무심: 그렇게 대충 정할래?

수담: 정확하게 하려면 며칠 동안 네가 하루에 몇 컵을 마시는지 적어 보아도 되지만, 어차피 매일매일 조금씩 다를 거니까 대충 정해 보자는 거지. 처음부터 대충하자고 했잖아.

무심 : 아 참, 페르미 추정을 하자고 했지.

수담 : 네가 마시는 이 컵이랑 500 mL 페트병이랑 비교해 봐. 네 컵의 부피를 얼마라고 할까?

무심 : 비교할 게 뭐 있어. 부어 보면 되지.

내가 뭐라고 말하기도 전에 무심이는 페트병에 있던 물을 컵에 확 부었다. 다행히 물은 넘칠락 말락 가득 찼을 뿐 넘치지는 않았다.

무심 : 내 컵도 500 mL지만 이렇게 가득 따르지는 않으니까 한 번에 400 mL 마신다고 해.

수담 : 그럼 너는 하루에 2,000 mL의 물을 마셔. 1,000 mL는 1 L니까 너는 하루에 2 L를 마시는 거야.

[추정 2] 무심이가 하루에 마시는 물은 2 L이다.

> **3-1 모델화**

평생 마시는 물의 양

수담: 평생 마시는 물의 양을 알려면 네가 몇 살까지 살지 정해야 해.

무심: 난 100세까지 살 거야.

수담: 그건 네 맘대로 정하는 게 아니야. 평균 수명이라는 게 있어. 실제로 사람들이 몇 살까지 살다 죽는지 통계를 낸 거라고.

무심: 음. 80세라고 들은 거 같은데. 물론 나는 더 살 거지만.

수담: 그래. 훨씬 오래 살더라도 오늘은 평균 수명인 80세로 하자. 어이, 너도 이젠 계산 좀 해야지? 80년은 며칠이야?

무심: 흠흠. 일 년을 350일이라고 하면 350 곱하기 80은 700 곱하기 40이니까 28,000일이야.

수담: 하루에 2 L씩 마시니까 28,000일 동안은 두 수를 곱하면 56,000 L 마시는구나.

무심 : 5만 6천 L라니, 굉장한데. 그렇게 많은 물이 다 내 몸을 통과하는구나.

[추정 3-1]   28,000일 동안 2 L씩 마시니까
평생 마시는 물은 56,000 L이다.

3-2 모델화

욕조의 부피

평생 마시는 물의 양이 56,000 L라는 걸 알았다. 50,000 L가 넘는 양이 어느 정도인지 상상이 안 되니 처음에 말 나왔던 대로 욕조를 몇 개나 채울 수 있는지 계산해 보자.

수담: 먼저 욕조의 크기를 정해 볼까?

무심: 욕조는 크기가 딱 정해져 있는데, 왜 정한다고 말해? 재본다고 하지 않고?

수담: 지금 우리가 하는 건 페르미 추정이잖아. 직접 재는 거나 인터넷으로 자료를 찾는 건 페르미 추정이 아니니까. 욕조의 크기를 대충 알아보려면 어떻게 하면 될까?

무심: 나는 욕조에 누우면 다리를 펼 수가 없어. 무릎을 구부려야 대

충 맞아. 그럼 내 키가 152 cm이니까 욕조 길이는 무릎 아래 30 cm 정도를 빼고 122 cm라고 보면 될 거 같아.

수담 : 잘했어. 그런데 어차피 대충하는 거니까 2 cm는 빼고 120 cm 라고 하자. 욕조의 폭은?

무심 : 욕조에 양쪽 어깨가 닿을락 말락 하고, 어깨 폭은 손 뼘으로 재면 두 번이니까 폭은 50 cm 정도?

무심이가 어깨 폭을 손 뼘으로 재며 말했다.

수담 : 그럼 마지막으로 욕조의 깊이는?
무심 : 왜 나한테만 시켜? 너도 해봐.

순순히 대답하던 무심이가 볼멘소리를 한다. 이럴 땐 잠시 양보하는 게 좋다.

수담 : 물이 가득 찼을 때 욕조 바닥에 손을 짚어본 적이 있는데 어깨 바로 밑까지 물이 찼으니까 40 cm 정도 되겠지? 그럼 욕조의 부피는 120, 50, 40을 곱해서 240,000 cm^3야.

내가 딱 부러지게 욕조의 부피를 구하자 무심이 손톱을 물어뜯으며 아무 말도 하지 않았다.

수담: 손톱 물어뜯지 말라고 엄마가….

무심: 욕조는 직육면체가 아닌데, 왜 가로, 세로, 높이를 곱해서 욕조의 부피를 구하지?

나는 속으로 뜨끔했다. 이걸 지적할 줄이야. 보기보다 날카로운 데가 있다.

무심: 욕조는 내가 누우면 등을 받쳐 준단 말이야. 직육면체가 아니라고.

수담: 지금 우리가 하는 추정은 대충 구하는 거야. 계산이 복잡해지지 않을 정도로만 하자는 거지. 페르미 아저씨가 그렇게 했어. 너 진짜로 욕조 부피 계산해 볼래?

내가 으름장을 놓자 무심이는 기어들어 가는 목소리로 말했다.

무심 : 아니, 그냥 직육면체라고 해.

[추정 3-2] 욕조의 가로, 세로, 높이가 각각 120 cm, 50 cm, 40 cm이므로 부피는 240,000 cm^3 이다.

욕조는 몇 개?

지금까지 알아낸 것은 평생 마시는 물은 56,600 L, 욕조의 부피는 240,000 cm³라는 것이다.

무심 : 이제 평생 마시는 물을 욕조에 쏟아붓자.

무심이는 이렇게 큰 수를 구했다는 사실에 흥분했는지, 직접 물을 쏟아붓기라도 할 것처럼 기세등등하게 말했다.

수담 : 단위가 다른데?
무심 : 어? 리터와 세제곱센티미터? 그냥 컵으로 부으면 안 될까?

무심이가 한심한 소리를 한다. 컵으로 욕조에 부을 거면 애초에 계산을 왜 했냐, 머리는 뒀다 어디다 쓰냐, 라는 소리가 목구멍까지 올라왔지만 참았다. 계산하자고 한 건 나니까.

수담: 1 mL는 가로, 세로, 높이가 모두 1 cm인 그릇에 담긴 액체의 부피를 말해.

무심: 1 cm를 세 번 곱하면 1 cm³네. 그러니까 밀리리터와 세제곱센티미터는 같구나.

수담: 그러니까 평생 마시는 물을 채우려면 욕조가 몇 개나 필요할까?

무심: 간단하지. 56,600 L를 240,000 cm³ 즉, 240 L로 나누면 돼. 어? 나눠떨어지지 않나 봐. 골치 아파.

수담: 그럼 60,000을 250으로 나누는 걸로 하자. 둘 다 커졌으니 결과는 비슷할 거야. 이건 60,000 나누기 250, 다시 4배 해서 240,000 나누기 100으로 바꿔 생각해서 240이구나. 욕조 240개!

[추정 4] 평생 마시는 물을 욕조에 채운다면 욕조는 240개가 필요하다.

> 5 검증

페트병에 담는다면?

평생 마시는 물 56,000 L를 2 L짜리 페트병에 담는다면 28,000개 이상의 페트병이 필요해. 2만 8천개가 넘는 페트병을 한 줄로 늘어놓는다면 얼마나 길까? 쌓아 올린다면 얼마나 클까? 상상만 해도 어지러워.

상상을 바꿔 보자. 평생 마시는 물 56,000 L를 정육면체 모양의 물통에 담는다면 물통의 크기는 얼마일까?

정육면체 부피는 모서리의 길이가 몇 미터인가로 결정되니까 이걸 계산하기 위해서 리터를 세제곱센티미터로 바꿔.

1 L는 1,000 mL이고 이건 1,000 cm³와 같아. 그러면 1,000 L는 1 m³이니까 56,000 L는 56 m³야.

정육면체의 부피가 56 m³이면 한 모서리의 길이는 몇 미터일까? 한 모서리의 길이를 세 번 곱한 값이 부피 56이 되어야 하는데, 우리가 알고 있는 자연수 중에 그런 수는 없어. 대강의 범위를 찾는 수밖에.

3을 세 번 곱하면 27이야. 56보다 작아. 4를 세 번 곱하면 64야. 56보다 커. 부피가 56 m³인 정육면체의 한 모서리의 길이는 3 m보다는 길고 4 m보다는 짧다는 말이야.

무심이가 평생 마시는 물을 정육면체에 담는다면 한 모서리의 길이가 3 m보다는 크고 4 m보다는 작은 정육면체에 담을 수 있다는 거지.

부피와 부피의 단위 알아보기

① **부피**   어떤 물체가 공간에서 차지하는 크기를 부피라고 해. 한 모서리의 길이가 1 cm인 정육면체의 부피는 1 cm³이야. 상자의 부피를 구하려면 이런 정육면체 몇 개와 부피가 같은지 확인하면 돼. 부피가 1 cm³인 정육면체 6개와 같다면 6, 10개와 같다면 10 cm³인 거지.

② **부피의 단위**   부피의 단위로는 세제곱센티미터(cm³)보다 리터(L) 또는 밀리리터(mL)를 더 많이 사용해. 리터는 길이의 단위인 센티미터로부터 만든 부피의 단위야. 1 L는 한 모서리의 길이가 10 cm인 정육면체의 부피 1,000 cm³를 말해.

우리가 길이가 1 cm인 끈, 길이가 1 m인 끈을 상상할 수 있는 것처럼 부피가 500 mL인 물병, 부피가 2 L인 물병을 상상할 수 있어. 리터는 길이에서 나온 단위이지만 부피를 재는 독자적인 단위로 자리 잡았거든.

$$1\,L = 1{,}000\,mL = 1{,}000\,cm^3$$

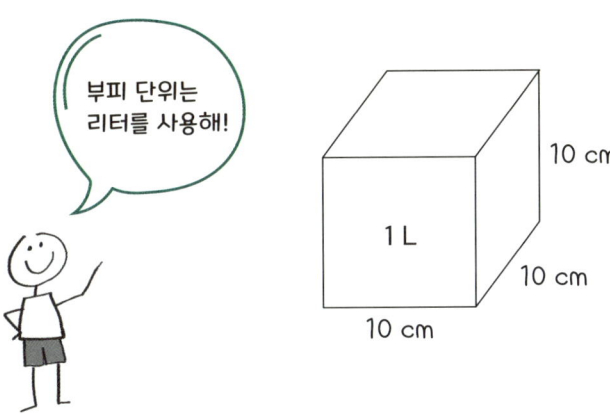

부피 대신 들이라는 말도 사용해. 들이는 통이나 그릇에 담을 수 있는 부피의 가장 큰 값을 말해. 어떤 통이 '2리터 들이' 라는 말은 그 통에 최대 2 L를 담을 수 있다는 뜻이야.

9장
시험 문제를 다 찍어서 맞히려면?

터덜터덜 걸어가는 무심이 표정이 어둡다. 무심이는 성적에 별로 신경 쓰지 않지만, 오늘 보는 시험은 잘 보고 싶어 한다는 걸 안다. 엄마에게 뭔가를 제안하는 것을 보았기 때문이다. 시험에 뭘 걸다니, 바보 같은 짓이다. 나라면 몰라도 무심이가 시험 점수로 뭔가를 얻어낼 수는 없다. 그건 내가 장담한다.

수담 : 오늘 시험 걱정 되냐?
무심 : 응, 며칠 동안 열심히 준비하긴 했는데.
수담 : 오늘 시험은 모두 선다형이라고 했으니, 찍어!
무심 : 찍어서 다 맞힐 수 있을까?

글쎄. 나도 가끔 한두 문제 찍어서 맞힌 적은 있지만 다 찍어서 맞힌다고? 그게 가능해?

무심 : 며칠 공부해서 풀 줄은 아는데, 시간이 부족할 거 같아. 절반 정도 풀면 시간이 다 될 거 같거든.

무심이는 좀 느리다. 무심하게 느리다. 그러니 알아도 시간이 부족할 거라는 말은 맞는 말이다. 왜 느릴까? 우리는 쌍둥이지만 참 다르다.

무심 : 찍어서 맞힐 가능성이 얼마나 될까?
수담 : 시험 문제 전부를? 가면서 추정해 보자.

1 접근

한 문제를 찍어서 맞힐 가능성

오늘 시험 문제는 선다형이다. 서술형은 내가 직접 써야 하니 모르는 문제는 할 수 있는 게 없지만, 오늘 시험은 선다형이어서 다행이다. 5지 선다형이니 5가지의 선택지 중에서 답을 하나 고르면 된다.

답은 5가지 중 하나, 아는 문제라면 무조건 맞히겠지만, 모를 경우 아무거나 골랐을 때는 맞힐 가능성은 5가지 중 하나, 즉 $\frac{1}{5}$이다.

수담 : 5지 선다형 한 문제를 찍는다면 맞힐 가능성은 $\frac{1}{5}$이야.

무심 : 찍어서 맞힐 가능성이 $\frac{1}{5}$이면 할 만한데? 그 정도는 찍을 수 있을 거 같아.

수담 : 그런데 한 문제가 아니잖아. 만약 두 문제를 찍어야 하는 상황

이라고 해봐. 그러면 맞힐 가능성이 어떻게 돼?

무심 : 한 문제 찍어서 맞힐 가능성이 $\frac{1}{5}$인데, 두 문제 찍어야 한다면 $\frac{2}{5}$?

수담 : 어떻게 가능성이 더 커지냐? 더 어려워지는 상황인데.

정말 한숨이 나왔다. 이런 감으로 뭘 찍겠다고.

무심 : 그러네, 가능성이 줄어들어야 하는데. 어떻게 알아낼 수 있지?
수담 : 경우를 다 따져 보자. 그러면 드러날 거야.

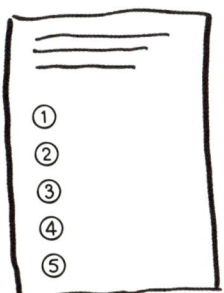

[추정 1] 5지 선다형 한 문제를 찍어서 맞힐 가능성은 $\frac{1}{5}$이다.

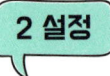

두 문제를 찍어서 맞힐 가능성

한 문제마다 선택지가 5가지니까 문제마다 답을 택하는 방법은 5가지씩이다. 여기서 주의할 것은 두 문제의 선택지 10가지 중에서 2가지를 고르니까 가능성이 $\frac{2}{10}$ 라고 생각하면 안 된다는 점이다. 두 문제에서 어떻게 택하냐는 서로 독립적이고 아무 상관이 없으니까.

수담: 두 문제가 있고 각각 선택지가 5가지씩이라고 해봐. 첫 번째 문제에서 어떤 걸 택하느냐와 두 번째 문제에서 어떤 걸 택하느냐는 완전히 달라. 서로 상관없어.

무심: 그러니까 첫 번째 문제에서 ①을 택했다고 해도 두 번째 문제에서 ①을 택할 수도, ②를 택할 수도, ③을 택할 수도, ④를 택할 수도, ⑤를 택할 수도 있다는 말이네?

수담: 이렇게 똑똑한 애가 왜 시험 걱정을 할까?

무심: 그럼 첫 번째 문제에서 ①을 택했을 경우에 두 번째 문제에서 택할 선택지가 여전히 5가지라는 말이구나.

수담: 그렇지. 첫 번째 문제에서 ②를 택했다고 해도 두 번째 문제에서 택할 선택지는 5가지!

무심: 첫 번째 문제에서 ③을 택했어도 5가지, ④를 택했어도 5가지, ⑤를 택했어도 5가지니까 전체는 5 곱하기 5, 25가지야. 그중의 하나만 맞으니까 맞힐 가능성은….

무심이는 말을 끝내지 못했다. 차마 $\frac{1}{25}$이라고 말하지 못했다. $\frac{1}{5}$이라는 가능성은 해볼 만한데, $\frac{1}{25}$이라니. 가능성이 너무 줄어버렸다.

[추정 2] 5지 선다형 두 문제를 찍어서 맞힐 가능성은 $\frac{1}{25}$이다.

5가지 중에 하나, 10문제!

오늘 시험 문제는 5지 선다형, 고를 수 있는 답이 5가지인 문제가 10개이다. 이제 모두 찍어서 만점을 받을 가능성을 알아보려고 한다. 문제가 한 개일 때, 두 개일 때와 마찬가지로 답을 택할 수 있는 경우가 몇 가지인지 생각해 보아야 한다.

수담: 어떤 문제의 답을 찍을 때 다른 문제에서 답을 찍은 것과는 완전히 상관 없다고 했잖아. 그래서 두 번째 문제에서 답을 찍을 때는 첫 번째 문제의 선택지 하나하나마다 두 번째 문제의 선택지를 택하는 경우가 5가지씩 있었어. 결국 5를 두 번 곱한 25가지 방법이 있었지.

무심: 이제 세 번째 문제의 답을 찍는다면, 25가지 방법마다 다시 세

번째 문제의 선택지를 택하는 경우가 5가지씩 있는 거잖아. 그러면 전체는 25와 5를 곱한, 즉 5를 세 번 곱한 수만큼 방법이 있는 거네.

수담: 문제가 10문제라면?

무심: 5를 열 번 곱한 수만큼 방법이 있는 거야. 그중의 한 가지만 맞는 거고.

수담: 맞아. 이제 5를 열 번 곱하면 얼마인지 계산해 보자.

> [추정 3] 5지 선다형 10문제에서 선택지를 고르는 방법은 5를 10번 곱한 수만큼 있다.

4 계산

5를 10번 곱하기

무심: 5를 10번 곱한 수? 두 번 곱하면 25, 세 번 곱하면 125, 네 번 곱하면….

수담: 계속 5를 곱할래?

무심: 아니. 벌써 지겨워지는데?

수담: 계산은 머리를 써야 편해져. 더구나 지금 우리가 하는 건 페르미 추정이니 어림셈으로 하면 되잖아. 자, 봐. 5를 10번 곱하는 건 25를 5번 곱하는 거야.

무심: 오, 느낌이 좋은걸.

수담: 25 곱하기 25는 암산으로 하기 어려우니 30 곱하기 20으로 바꿔.

무심: 그래도 돼?

수담 : 어림셈이라니까. 앞의 25는 크게, 뒤의 25는 작게 바꿨으니 별 차이가 안 나. 그러면 25 곱하기 25가 600으로 바뀌었어. 25를 5번 곱해야 하는데, 그중에 4번 곱하는 건 600을 두 번 곱하는 걸로 바뀐 거야.

무심 : 그럼 이제 360,000에 25만 곱하면 되는구나.

수담 : 거기에서도 36 곱하기 25를 30 곱하기 30으로 바꿔.

무심 : 와, 그럼 900에 영을 4개 붙여 주면 끝나는 거네. 어디 보자. 0이 6개니까 9,000,000으로 900만이야.

수담 : 5개의 선다형 문제를 풀 때 답을 고르는 방법이 900만 가지라는 뜻이야.

무심 : 그럼, 모두 찍어서 맞힐 가능성은 900만 분의 1이라고?

무심이는 입을 딱 벌리고는 그대로 멈췄다. 900만 분의 1이라는 수에 압도 당했음이 틀림없다. 이런 가능성이라면 문제 빨리 풀기 연습을 하는 게 낫겠다고 생각하겠지.

> [추정 4] 5지 선다형 10문제를 모두 찍어 맞힐 가능성은 900만 분의 1이다.

5 검증

찍어서 만점 받기

O, X 퀴즈의 답은 O 아니면 X, 둘 중 하나야. 답을 모를 때 찍어서 맞힐 가능성은 $\frac{1}{2}$이라는 말이지. $\frac{1}{2}$이라는 가능성도 작은데, $\frac{1}{5}$이라는 가능성은 상당히 작은 편이야. 가능성은 작지만 그래도 가끔은 일어날 수 있는 일이기는 하지.

그런데 900만 분의 1이라는 수는 거의 0에 가까운 수야. 일어날 가능성이 없다고 봐도 돼. 이 말은 다시 말하면 이런 식이야.

5지 선다형 10문제 시험을 보는데, 모두 찍어서 만점을 받으려면 최소한 몇 명이 와야 할까? 바로 900만 명은 와야 누군가는 만점을 받을 수 있다는 말이야. 물론 누군가 같은 답을 써낸다면 비둘기 집의 원리에 의해 더 많은 사람이 필요하지.

실제로 시험을 볼 때는 10문제 모두를 찍지는 않아. 무심이라면 절반은 풀 수 있다고 했어. 넉넉하게 8문제를 풀었다고 해봐. 그럼 나머지 2문제만 찍어서 맞히면 돼. 그럼 가능성이 $\frac{1}{25}$로 커져. 물론 $\frac{1}{25}$도 큰 수는 아니야. 두 문제를 찍었을 때 모두 맞힌 경험이 거의 없을걸?

📋 **가능성**

 **가능성**

　동전 던지기 내기를 한다고 생각해 봐. 앞면에 걸까? 뒷면에 걸까? 어떤 가능성이 더 클까? 가능성은 그런 거야. 동전의 앞면이나 뒷면처럼 특정한 일이 일어나길 기대하는 정도! 내일 비가 올까 안 올까? 이것도 마찬가지야. 일기예보에서는 '내일 비가 올 가능성은 몇 60퍼센트입니다'라고 가능성을 수로 말하지.

동전과 주사위에서의 가능성

동전에는 앞면과 뒷면이 있어. 동전을 던진다면 앞면 아니면 뒷면이 나오니까 가능성은 반반이야. 전체 가능성을 1이라고 하면 앞면이 나올 가능성은 $\frac{1}{2}$, 뒷면이 나올 가능성도 $\frac{1}{2}$이야.

주사위를 던지면 1부터 6까지의 수가 나올 수 있어. 6가지의 수가 나올 가능성이 똑같으니까 1이 나올 가능성은 $\frac{1}{6}$, 2가 나올 가능성도 $\frac{1}{6}$, 3이 나올 가능성도 $\frac{1}{6}$이야. 면이 20개인 주사위에 1부터 20까지의 수를 써서 던진다면 각각의 수가 나올 가능성은 $\frac{1}{20}$이야.

10장
자전거 타고 달까지 가려면
얼마나 걸릴까?

달 탐사선 다누리가 발사되는 장면을 보았다. 무심이와 나란히 앉아 마음을 졸이면서 보았다.

무심: 달까지는 38만 킬로미터여서 5일 정도면 충분히 간다는데, 다누리는 태양 쪽으로 150만 킬로미터 정도를 갔다가 되돌아온대.

수담: 어. 태양과 지구의 중력이 균형을 이루는 라그랑주점까지 갔다 되돌아오는 거야. 거리도 멀고 시간도 더 걸리지만 연료를 절약할 수 있다더라.

무심: 연료가 필요 없는 자전거를 타고 달에 가면 좋겠다. 그냥 똑바로 가면 되는 거잖아.

자전거를 타면 다누리를 발사할 때처럼 지구를 탈출하는 엄청나게 빠른 속력을 낼 수가 없는데 한심한 소리하네, 라고 생각하는데 엄마가 뜻밖의 말씀을 하셨다. 달을 향해서 작은 속력으로라도 꾸준히 가면 지구를 벗어나서 달까지 갈 수 있다고.

무심: 그것 봐. 숨만 쉴 수 있다면 달까지 자전거 여행도 갈 수 있다잖아.

자전거를 타고 한강 한 바퀴 돌아오는 것도 얼마나 힘든데, 무심이는 자꾸 달까지 자전거 타는 얘기를 한다. 그런데 엄마는 한술 더 뜬다. 같이 가자고. 젊어서 『ET』라는 영화를 본 다음부터 언젠가 자전거 타고 달에 가고 싶다는 생각을 했다고.

 1 접근

자전거를 타고 달까지

엄마와 무심이 사이에 끼여서 자전거를 타고 달까지 가는 게 말이 되냐는 내 물음이 오히려 한심한 말이 되어 버렸다. 하긴 몇백 년 후에는 진짜로 자전거 타고 달에 가게 될지도 모를 일이다. 기술이 너무 빨리 발전한다는, 이런 건 상상도 못했다는 말을 한두 번 들은 게 아니니까.

무심: 자전거를 타고 달에 가려면 어떻게 해야 하지요?

무심이의 물음에 엄마가 빙긋이 웃으며 대답하셨다. 숨 쉬는 거, 먹는 거, 몸이 지치는 거 다 해결되었다고 보면 된다고. 세상에 그렇게 중요한 게 어떻게 해결될 수 있냐고 묻고 싶었지만, 내 편이 아무도 없으니 다른 궁리를 해야겠다.

수담 : 자전거를 타고 달에 갈 수 있다고 하면 얼마나 걸릴까?
무심 : 정말, 얼마나 걸릴지 궁금하다. 우리 계산해 보자.

한강을 한 바퀴 도는 것도 아니고 상상할 수 없을 만큼 오래 걸릴 테니까 말도 안 된다는 말이었는데, 무심이는 오히려 계산해 보자고 한다. 뭐, 안 될 건 없다. 이럴 때 쓰라고 페르미 추정이 있는 거니, 팔 걷어붙이고 추정해 보자.

[추정 1] 자전거를 타고 달까지 갈 수 있다고 하자.

달까지의 거리

먼저 알아야 할 것은 달까지의 거리이다. 얼마나 가야 달에 도착할 수 있을까?

수담: 달까지의 거리 알아?

무심: 당연하지. 내 머릿속에는 다 들어있어! 38만 km.

수담: 와! 멀긴 멀다. 어쨌든 38만 km만 가면 달에 도착할 수 있다는 말일까?

무심: 뭐 문제 있어?

수담: 달이 지구를 돌고 있는 건 알지? 달은 가만히 있지 않아.

무심: 우리가 움직이는 달을 쫓아가야 한다는 말이네?

수담: 달을 보면서 쫓아가면 곡선을 그리면서 훨씬 먼 길을 가야 할 거야.

무심 : 그럼 우리가 도착할 즈음의 달의 위치를 예상해서 그리로 가야 겠구나.

수담 : 그렇지. 거리도 중요하지만 방향도 중요해.

어차피 불가능한 일을 가늠해 보는 거긴 하지만 지금 저기 있는 달은 우리가 도착할 즈음엔 저기에 있지 않는다. 우리가 도착할 즈음 달이 어디에 있을지를 계산하고 출발해야 한다.

[추정 2] 달까지의 거리는 38만 km이다.

자전거 속력과 시간

이제 자전거 속력을 정해야 한다.

무심: 자전거 속력은 어느 정도 될까?
수담: 우리가 자전거 타고 가장 멀리 갔던 게 50 km 정도였던 거 같은데.
무심: 그렇지. 거의 하루 종일 걸렸는데, 기분은 정말 상쾌했어.
수담: 갈 땐 정말 빨리 달렸는데. 엉덩이도 아파 오고, 다리에 쥐도 났어. 나중엔 내려서 걷고 싶더라.
무심: 올 땐 걷는 것보다 별로 빠르지도 않았어. 시속 5 km 정도?
수담: 그래도 갈 땐 신나게 달렸으니까 평균 시속 10 km라고 하자. 우주로 나가는 마당에.

무심: 시속 10 km로 하루에 몇 시간 타는 데?

수담: 어른들은 하루 8시간 일하던데, 우리도 8시간 타는 걸로 할까?

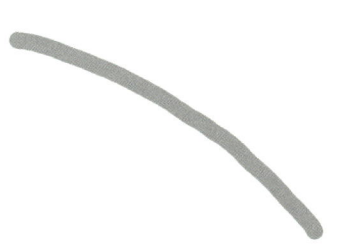

[추정 3] 시속 10 km로 하루 8시간 달린다.

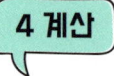

얼마나 걸릴까?

이제 38만 km의 거리를 자전거를 타고 시속 10 km로 간다고 치자. 도대체 얼마나 걸릴까? 우리 동네에서 타는 것과는 비교도 안 되는 엄청난 시간이 걸리겠지.

수담: 먼저 달까지 시속 10 km로 달리면 시간이 얼마나 걸리는지 계산해 보자.

무심: 시간은 거리를 속력으로 나누면 되니까 380,000을 10으로 나누면 우리가 원하는 시간이 나오는 거야. 웬 영이 이렇게 많아. 계산 도사가 계산해 봐.

수담: 10으로 나누는 거니까 0만 하나 지우면 되지. 38,000시간 걸려.

무심: 어디 보자. 3만 8천 시간? 이건 며칠이야? 아니 몇 년이야?

수담 : 글쎄. 하루에 8시간씩 타기로 했으니까 8로 나누면 며칠인가?
무심 : 내가 해볼래. 38,000이 40,000에서 2,000을 뺀 것과 같다는 걸 이용하면 암산이 가능해.

$$38{,}000 \div 8 \Rightarrow \begin{array}{r} 40{,}000 \div 8 \\ 2{,}000 \div 8 \end{array} \Rightarrow \begin{array}{r} 5{,}000 \\ -\ 250 \\ \hline 4{,}750 \end{array}$$

이걸 뺄래!!

수담 : 우와. 4,750일이네. 이제 네가 계산도사다!
무심 : 에헴, 그동안 네가 하는 걸 봤지.
수담 : 3,650일은 10년. 1,100일이 더 있어야 하니 3년쯤 더 걸린다고 보면 13년 걸려.

> [추정 4]   시속 10 km로 하루 8시간씩 달리면 약 13년이 걸린다.

거북이처럼 꾸준히 가는 우주선

지구를 벗어나는 건 쉬운 일이 아니야. 한 번 뛰어올라 봐. 지구로부터 30 cm 멀어졌니? 50 cm? 근력이 좋은 운동선수들은 그보다 더 뛰어오를 수 있어. 그래 봤자 1 m 정도지만. 그러니까 한 번 힘을 써서는 지구를 벗어날 수는 없어.

로켓을 발사할 때도 마찬가지야. 한 번의 추진력으로 지구를 벗어나지는 못해. 지구가 어마어마하게 큰 힘으로 당기고 있거든. 지구를 벗어나려면 지구의 힘을 뿌리치고 달아날 수 있을 만큼 더 큰 힘이 필요해. 얼마나 커야 하냐고? 1초에 11 km쯤 갈 수 있는 힘! 미터가 아니라 킬로미터야. 우리가 타는 차는 1시간에 60 km쯤 가지. 1초에 16 m 가는 거야. 비행기가 1시간에 600 km쯤 간다면 1초에

166 m 가는 거고. 그러니 1초에 11 km를 간다는 게 얼마나 빠른 건지 짐작이 되니? 얼마나 큰 힘이 있어야 이런 속력을 낼 수 있을까?

로켓도 한 번에는 이런 힘을 낼 수 없어서 한 번, 두 번, 세 번 단계를 거쳐. 발사체 1단 엔진을 점화해서 속력을 내. 2단 엔진을 점화해서 속력을 내. 연료를 태우고 발사체를 버리면 우주선은 가벼워져. 사람이 장대를 써서 높이 뛰어 올라간다고 하면 처음 쓴 장대는 버리고, 두 번째 쓴 장대를 또 버리는 것과 같아. 지구 탈출 속도를 넘겨서 지구를 벗어난 우주선은 목적지를 찾아 우주를 날아가.

그런데 이렇게 한 번에 어마어마한 힘을 내지 않아도 지구를 벗어날 수 있어. 토끼와 거북이 이야기의 거북이처럼 가는 거지. 탈출속도라는 건 한 번에 지구를 박차고 올라가는데 필요한 속도야. 계속 힘이 공급된다면 작은 힘으로도 지구를 벗어날 수 있어. 더구나 계속 올라가다보면 지구 중력이 점점 약해질거거든. 거북이처럼 느리게라도 계속 갈 수 있다면 지구를 벗어날 수 있다는 말이지. 물론 지금은 불가능해. 계속 갈 수 있을 만큼 연료를 충분히 싣고 떠날 수가 없으니까. 아직 그런 기계장치는 만들지 못했거든.

속력과 속력의 단위 알아보기

 속력   속력은 빠른 정도를 나타내. 정해진 시간에 얼마 만큼의 거리를 가느냐를 말하는 거야. 동물이 낼 수 있는 최대 속력은 대체로 정해져 있어. 사람은 초속 10 m 정도가 가장 빠른 속력이야. 시속 36 km야. 올림픽에서 100미터 달리기 경기를 봤다면 이해할 거야. 지상에서 가장 빠른 동물인 치타의 최대 속력은 시속 113 km, 하늘에서 가장 빠른 매의 최대 속력은 시속 322 km야.

② 속력의 단위

바람의 속력을 풍속이라고 해. 태풍이 올 때, 초속 20 m 이상이면 나무가 뿌리째 뽑혀. 매우 위험해. 초속 20 m는 분속과 시속으로는 얼마일까?

초속 20 m는 1초 동안 20 m 가는 거니까 60초에는 $20 \times 60 = 1{,}200\,(\text{m})$, 즉 분속 1.2 km야. 1분에 1.2 km 가면 60분에는 $1.2 \times 60 = 72\,(\text{km})$ 가니까 시속 72 km야.

자동차를 타면 시속 72 km로 가는 일은 아주 흔한 일인데, 이 속력으로 바람이 불면 나무가 뿌리째 뽑힐 정도로 엄청난 속력이라는 거야.

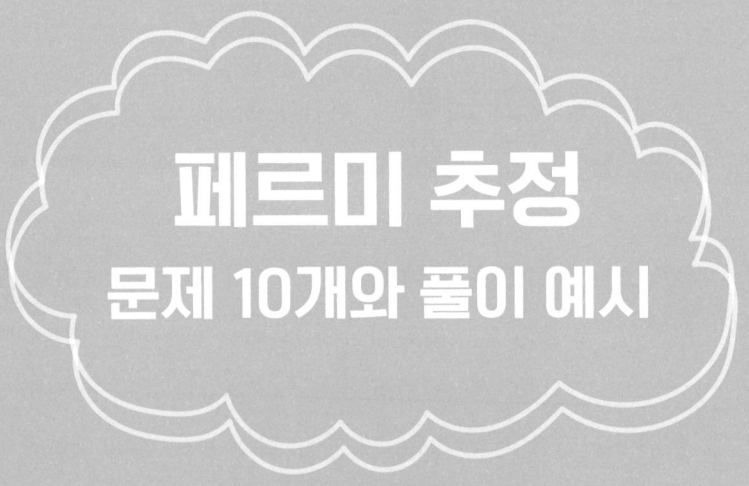

페르미 추정
문제 10개와 풀이 예시

여러분은 페르미 추정을 10문제나 해봤어요.
이제는 어디로 길을 뚫어 문제를 해결할지 자신이 생겼나요?
아래 문제에 도전해 보세요.
자신만의 추정을 끝내고 뒤에 실린 추정과 비교해 보세요.

정답은 없어요.
자신의 추론이 논리적이라면 그것도 맞는 거예요.
정해진 길은 없어요.
내가 헤치며 지나간 흔적이 길이 되는 거예요.

【1】 치킨은 하루에 몇 마리 팔릴까?

【2】 사람은 평생 코를 몇 번 후빌까?

【3】 한 해 동안 버리는 쓰레기의 양은?

【4】 한 해 동안 사용하는 연필은 몇 자루?

【5】 오늘 전교생이 먹은 스파게티를 연결하면 그 길이는?

【6】 지구를 다 덮으려면 모래알은 몇 개가 필요할까?

【7】 핸드크림 한 통을 다 쓰는 데 얼마나 걸릴까?

【8】 평생 나오는 침의 양은?

【9】 우리 학교에 생일이 같은 사람이 있을까?

【10】 걸어서 우리나라를 한 바퀴 돌려면 얼마나 걸릴까?

【1】 치킨은 하루에 몇 마리 팔릴까?

문제를 명료하게 만들어. 치킨은 닭을 말하는 영어 표현이지만 우리는 보통 튀긴 닭을 먹고 싶을 때 "치킨 시킬까?"라고 말해. 백숙이나 삼계탕 같은 음식은 치킨이라고 하지 않아. 그러니까 이 문제는 '우리나라에서 하루에 튀긴 닭이 몇 마리 팔리나'를 추정하는 문제야.

우리나라 인구는 5,000만 명인데, 두세 명이 한 가구를 이룬다고 보면 약 2천만 가구가 있어. 치킨을 매일 한 집에서 한 마리씩 시킨다면 하루에 2,000만 마리가 팔리는 거야. 물론 그렇지는 않지.

한 가구당 치킨을 주문하는 횟수는 어느 정도 될까? 시골에는 치킨 배달이 안 돼요, 같은 말은 집어넣어 둬. 평균을 생각하는 거니까. 일주일에 한 번이 어떨까? 그러면 일주일은 7일이니까 2,000만 마리를 7로 나누면 돼. 이런 나눗셈은 그대로 해도 되지만 20,000,000이 7로 나누어떨어지지 않으니까 21,000,000을 7로 나

뉘 봐. 3,000,000이니까 300만 마리야. 우리나라에서 하루에 팔리는 치킨은 300만 마리보다 적다는 걸 알 수 있어.

   이 추정을 바탕으로 해서 우리나라에 치킨 가게가 몇 집이나 있는지도 추정할 수 있어. 먼저 하루에 한 가게에서 몇 마리 파는지 정해. 하루 일하는 시간 동안 튀길 수 있는 분량이어야 하고, 문 닫지 않을 정도로는 팔아야 해. 그다음에는 300만 마리를 하루 한 가게에서 파는 치킨의 수로 나눠. 그럼 대략 치킨 가게가 몇 집 있는지 알 수 있어.

【2】 사람은 평생 코를 몇 번 후빌까?

코를 파지 않는다는 말은 하지 마. 어렸을 때는 물론이고 어른이 돼서도 코를 파는 사람은 많아. 코를 파는 건 아마도 코딱지를 파낼 때 느끼는 시원함, 그 쾌감 때문이 아닐까?

코딱지는 코 안의 점액이 말라붙은 거야. 공기가 건조하면 점액이 말라붙거든. 그게 점점 커지면 코 안쪽에서 간지러움이 느껴져. 손가락을 콧구멍에 넣어 말라붙은 코딱지를 파내면 코가 뻥 뚫리는 것같이 시원하잖아.

코를 후벼 보지 않은 사람은 없겠지만 어른이 될수록 코를 후비지 않아. 위생에 좋지 않다는 걸 아니까. 평생 코를 몇 번 후비는지 추정하려면 어린이 시기와 이후의 시기를 나눠서 생각하는 게 타당할 거야. 12살까지는 하루에 네 번, 그 이후로는 일주일에 한 번으로 하자.

하루에 네 번 후비면 일 년 동안 후비는 횟수는 365와 4를 곱해야 하는데, 어림셈으로 350과 4를 곱하면 700과 2를 곱하는 것과 같으니까 1,400번. 손가락을 마음대로 움직일 수 있는 4살부터 12살까지 8년 동안 하루에 네 번 후빈다면 1,400과 8을 곱해서 11,200번.

80살까지 산다면 13살부터 80살까지 67년 동안 일년에 52회씩 코를 후비면 67과 52를 곱해야 해. 어림셈으로 70과 50을 곱하면 3,500번.

두 횟수를 더하면 사람은 평생 14,700번 코를 후빈다고 추정할 수 있어.

학생들이 코를 얼마나 파는지 연구한 사람이 있어. 인도 방갈로르 국립 정신 건강 및 신경 과학 연구소의 치타란잔 안드라데와 B.S. 스리하리야. 이 연구로 2001년 이그노벨 공공보건상을 받았어. 4개 학교에서 200명의 학생을 조사했더니 모든 학생이 하루에 네 번 코를 판다는 결과를 얻었어.

【3】한 해 동안 버리는 쓰레기의 양은?

　쓰레기의 양을 생각하려면 먼저 쓰레기에 포함할 것을 정해야 해. 분리 배출하는 재활용품은 쓰레기가 아니야. 음식물 쓰레기는 어떻게 할까? 음식물 쓰레기까지 포함하면 복잡해지니까 여기에서는 종량제 봉투에 넣어 버리는 생활폐기물만 생각하자. 주민센터나 면사무소와 같은 곳에서 스티커를 사야 하는 불연성 쓰레기도 제외하고.
　가정집에서는 보통 10리터 또는 20리터짜리 종량제 봉투를 사용해. 며칠에 한 번씩 버리고 있을까? 무심이네 집에서는 20리터짜리 하나를 채우는 데 보통 5일 정도 걸린대. 가끔 20리터짜리 하나를 더 쓰는 경우가 있는데, 게를 먹어서 껍데기가 많이 나왔다거나 대청소를 해서 쓰레기가 많이 나오는 그런 날이 한 달에 두어 번 있대. 정리하면, 무심이네는 한 달에 20리터짜리 종량제 봉투를 8장 쓴다고 볼 수 있어. 한 해 동안 사용하는 종량제 봉투는 8과 12를 곱해서 96장. 계산을 간단히 하기 위해 일 년에 100장을 쓴다고 하면 2,000리터의 쓰레기를 버리는 거야. 무심이네 집 한 가구에서 일 년에 2,000리터를 버리면 우리나라에서는 얼마나 많이 버릴까?

무심이와 함께 하는 페르미 추정

우리나라 인구가 5천만 명이 넘고 가구수는 2천만 가구가 넘는다고 하니, 2천만 가구만 생각해도 2천만 가구에서 1,000리터씩 버리면 2천만 킬로리터, 2,000리터씩 버리면 4천만 킬로리터.

통계에 의하면 2021년의 우리나라 전체 생활폐기물 양은 2,270만 톤, 1인당 생활폐기물 양은 439 kg이었어. 한 사람이 하루에 1 kg이 넘는 무게의 생활폐기물을 만들어낸다는 거야.

종량제 봉투는 부피 단위인 리터를 사용하는데 생활폐기물의 양은 무게 단위인 킬로그램을 사용해. 여기서 잠깐! 1킬로그램이 1리터를 말하는 건 아니야. 부피를 무게로 환산하려면 그 물체의 비중을 곱해야 해. 폐기물에는 여러 가지 물체가 섞여 있으니 비중을 곱하는 방법으로는 알기 어려워. 그렇지만 저울로 재면 간단하게 알 수 있지. 다만, 종량제 봉투에 리터로 쓰여 있더라도 1리터당 0.5킬로그램 이하만 넣게 되어 있어. 20리터짜리 종량제 봉투에는 10킬로그램까지 넣어야 한다는 말이야.

【4】 한 해 동안 사용하는 연필은 몇 자루?

    한 해 동안 누가 사용하는 연필로 해야 할까? 문제를 조금 더 명확하게 할 필요가 있어. 나 혼자 몇 자루 사용하는지 추정하는 건 너무 싱거우니까 우리 학교 아이들로 할까? 우리나라 아이들로 할까?

    어느 경우든 주변 아이들을 먼저 생각해. 내 옆에 앉은 아이, 내 앞에 앉은 아이…. 연필을 몇 자루나 쓰더라? 필통에 연필이 없는 아이도 있지만 보통 두세 자루씩 갖고 다녀. 뭉툭해지거나 부러지면 다른 연필을 쓰는 거지. 연필은 깎아서 쓰면 아주 오래 쓸 수 있지만, 아이들 대부분은 조금 짧아지면 싫증을 느껴서인지 새 연필을 쓰곤 해. 엄마는 어렸을 적에 몽당연필을 볼펜 몸통에 끼워 쓰다가 더 쓸 수 없을 정도로 짧아지면 버렸다고 하던데, 그런 일은 생각할 수도 없어. 요즘은 연필의 수명이 생각보다 길지 않아. 한 달에 두 자루가 적당할 것 같아. 그럼 일 년에는 24자루 사용하는 거야. 우리 학교는 학생들이 500명 정도니까 일 년 동안 사용하는 연필은, 500 곱하기 24니까 500 곱하기 20과 500 곱하기 4를 더하면, 12,000자루야.

우리나라 초등학생들이 사용하는 연필의 수를 구해 볼까? 얼마 전에 들은 뉴스를 기억해. 현재 초등학생 수는 266만 명 정도인데 앞으로 큰 폭으로 감소하는 걸 걱정하는 뉴스였어. 266만 명에 24자루를 곱할 때도 어림셈을 해. 간단하게. 페르미 추정의 생명은 간단함에 있으니까.

연필이 얼마나 많이 사용되고 있는가를 알 수 있는 또 다른 잣대는 연필 시장의 규모야. 2022년 전 세계의 연필 시장은 2,600억 원이었어. 엄청나지? 볼펜, 샤프, 컴퓨터가 나오면서 연필은 수명이 다했다고, 몇 번이나 고비를 맞았지만 지금은 오히려 시장이 더 커지고 있대. 종이에 쓸 때 사각거리는 소리를 좋아하는 사람들도 있지만, 몇백 년 전에 연필로 쓰고 그린 것도 읽을 수 있는 보존력, 물속이든 우주든 아무 데서나 쓸 수 있는 범용성, 볼펜처럼 잉크가 마를 일도 없고, 컴퓨터나 휴대폰처럼 전기가 필요하지 않은 단순함이 다른 필기구와는 비교가 안 돼. 연필의 수명은 인류가 존재하는 한 끝나지 않을 거야.

【5】 오늘 전교생이 먹은 스파게티를 연결하면 그 길이는?

    전교생이 먹은 스파게티를 쭉 연결하면 그 길이가 어마어마하겠지? 그 길이를 구하려면 먼저 스파게티 1인분이었을 때 길이가 얼마나 되는지 구해야 해. 1인분의 양을 구하려면 접시에 놓인 완성된 스파게티보다는 삶기 전의 면을 생각하는 게 더 쉬워. 보통 500원짜리 동전 위에 면을 세우면 1인분이라고 하잖아. 500원짜리 동전은 지름이 2.5 cm 정도 되니까 반지름은 12 mm라고 하자. 그러면 넓이는 144에 원주율 3을 곱하면 되지. 스파게티 한 가닥은 반지름이 1 mm정도 되니까 단면의 넓이는 1에 원주율 3을 곱하면 되고. 결국, 500원짜리 동전 위에 스파게티 면을 세우면 144가닥이 올라간다는 말이야. 간단하게 1인분에 140가닥이라고 하자.

    스파게티 한 가닥의 길이는 A4 용지의 가로보다는 길고, 세로보다는 짧으니까 그 중간인 25 cm라고 하자. 그럼 1인분의 길이는 25 cm를 144가닥 이어붙인 길이야. 25 곱하기 144를 그냥 계산하면 복잡하니 분리해서 해. 25 곱하기 100은 2,500, 25 곱하기 40은 1,000, 25 곱하기 4는 100이니까 모두 더하면 3,600 cm, 즉

36 m야.

 이제 우리 학교 학생 500명이 36 m씩 먹었다고 하면 전체 길이는 500 곱하기 30과 500 곱하기 6을 더하면 돼. 15,000과 3,000을 더하면 18,000 m, 즉 18 km야.

 스파게티의 길이를 구할 때 앞에 놓인 먹음직스러운 스파게티를 보면서 구할 수도 있어. 이때는 한 번 집어 올릴 때 몇 가닥 잡히냐를 기준으로 해야겠지? 스파게티 면은 젓가락으로 집으면 미끈거려서 일정하게 잡히지 않으니 포크로 돌돌 감아 먹는 걸 기준으로 하는 게 정확할 거야. 포크로 한입에 먹을 만큼 돌돌 만 다음에 접시에 풀어놓고 몇 가닥인지 세어 봐. 그리곤 다 먹으려면 몇 입이 될지 따져 보는 거지.

【6】 지구를 다 덮으려면 모래알은 몇 개가 필요할까?

운동장이나 해변이나 사막의 모래가 모두 똑같지는 않아. 아주 고운 모래부터 거친 모래까지 여러 가지가 있어. 건축 분야에서 모래의 크기는 5 mm 이하, 2.5 mm 이하, 1.2 mm 이하, 0.6 mm 이하의 네 종류로 나눈대. 우리는 크기가 1 mm인 모래를 생각하기로 해. 계산도 편하지만 고운 모래가 예쁘기도 하니까.

모래의 모양은 각이 지기도 하고 둥글기도 해. 만들어진 지 오래되면 서로 부딪혀서 둥그렇게 되니까 모래의 모양을 구 모양이라고 할게. 정리하면, 우리는 지름이 1 mm인 구 모양의 모래가 지구를 다 덮는다면 모래알은 몇 개나 필요한지 추정해 볼 거야.

지구는 반지름이 6,400 km인 구라고 할 거야. 지구 표면의 넓이는 반지름이 같은 원의 넓이의 4배니까 원주율을 3이라고 하면 $6,400 \times 6,400 \times 3 \times 4$를 계산하면 돼. 이 계산은 $64 \times 64 \times 3 \times 4 \times 10,000$이니까 $64 \times 64 \times 3 \times 4$만 어림셈으로 하자.

$64 \times 64 \times 3 \times 4 ≒ 70 \times 60 \times 12 = 4,200 \times 10 + 4,200 \times 2 = 50,400$

이 결과에 10,000을 곱하면 504,000,000. 지구의 넓이는 약 5억 제곱킬로미터야. 이걸 미터 단위로 바꾸려면 0을 6개, 다시 센티미터 단위로 바꾸려면 0을 4개, 다시 밀리미터 단위로 바꾸려면 0을 2개 붙여야 하니 5억 제곱킬로미터는 5억에 0을 12개 붙인 수야. 5억에 이미 0이 8개 붙어 있으니 지구 넓이는 5에 0이 20개 붙은 수야. 단위는 제곱밀리미터.

　지구를 지름이 1 mm인 모래알로 덮을 때 모래알이 차지하는 넓이는 지름이 1 mm인 원이 차지하는 넓이와 같아. 원주율을 3이라고 하면 3제곱밀리미터가 되는 거지. 이제 5에 0이 20개 붙은 수를 3으로 나누면 1.66…에 0이 20개 붙은 수야. 0이 4개면 만, 8개면 억, 12개면 조, 16개면 경, 20개면 해. 간단히 말하면, 지구에 모래알을 한 겹으로 덮으려면 1해 6천경 개 이상의 모래알이 필요해.

【7】 핸드크림 한 통을 다 쓰는 데 얼마나 걸릴까?

핸드크림은 손을 씻고 나서 보습을 위해 바르지. 세수를 하고 나면 얼굴에 로션을 바르고 나서 손등에 쓱 문지르기도 하지만 보통은 손에는 따로 핸드크림을 발라. 특히 겨울철에는 건조하고 차가운 기운으로부터 손을 보호하기 위해 다른 계절보다 더 열심히 바르지.

책상 위에 놓고 쓰는 100 mL 핸드크림을 다 쓰려면 얼마나 걸릴까? 하루에 몇 번 바르냐에 따라 달라질 텐데, 솔직히 손을 씻을 때마다 핸드크림을 바르긴 어려워. 보통 하루에 두 번 정도 바르지 않나 싶어.

핸드크림을 한 통 다 쓰는 데 얼마나 걸리는지 계산하려면 한 번 바를 때 어느 정도의 양을 바르는지 알아야 해. 양을 재면서 바르진 않으니 일회용 로션의 함량을 기준으로 하면 어떨까? 보통 얇은 비닐 포장의 일회용 로션의 양이 3 mL이니 핸드크림을 한 번 바를 때는 2 mL를 바른다고 할래.

그럼, 하루에 두 번 바르면 4 mL이니 100을 4로 나누면 25, 25

일에 한 통을 다 쓰는 거야. 물론 이 추정대로 균일하게 25일마다 한 통씩 쓰지는 않아. 우리 생활은 그렇게 단순하지 않으니까. 그렇지만 핸드크림을 한꺼번에 여러 개 산다면 대략 한 달에 100 mL를 쓴다고 생각하면 사는 데 도움이 될 거야.

핸드크림과 보디로션 구분해서 발라야 할까? 하나로 몸 여러 군데 다 바르면 안 될까? 안 될 건 없지만 구분해서 사용하는 게 좋아. 둘 모두 기본 성분은 같지만 점성과 유분 함량이 달라. 피부가 두꺼운 손에 화장품이 흡수되려면 상대적으로 시간이 오래 걸려. 손에 바르는 화장품이 핸드크림인 이유는 손 피부 위에 오래 머물 수 있도록 점성도 높고 유분도 많은 크림 형태로 만들기 때문이야. 몸은 손보다는 피부가 얇아. 그래서 보디로션은 로션 형태로 만들어.

하나 더. 피부 두께가 가장 얇은 얼굴에 보디로션이나 핸드크림을 바르면 얼굴 피부에 오래 머물면서 막을 형성해서 피부 트러블이 생길 수도 있어.

【8】 평생 나오는 침의 양은?

　침은 음식을 씹을 때 잘 섞이도록 윤활유 역할을 해주고 소화도 도와주는 아주 고마운 존재지. 우리 입안에서 침이 나오지 않는다면 어떻게 될까? 아프거나 긴장해서 입안이 바짝 말라본 사람은 알 거야. 계속 물을 마셔도 해결되지 않는 그 불편함이란. 입안이 마르면 말하기도 어려운 데, 그건 침이 혀가 움직이는 데 마찰이 일어나는 것을 줄여주기 때문이야.

　침은 음식을 먹을 때나 먹지 않을 때나 모두 나와. 음식을 먹지 않을 때는 조금 적게 나올 뿐이지. 침이 평생 얼마나 나올지 계산하려면 하루에 나오는 침의 양을 먼저 계산하는 게 좋아. 깨어 있는 시간을 먹는 시간과 먹지 않는 시간으로 나눠. 하루에 먹는 시간을 30분씩 3번 90분으로 할래. 그러면 식사시간은 30분보다 짧으니 90분에는 간식이나 다른 걸 먹는 시간도 충분히 포함됐을 거야. 자는 시간을 8시간이라고 하면 나머지 깨어 있는 시간은 14시간 30분이야(침은 잘 때도 나와. 침을 흘리며 자본 사람은 알 거야. 그렇지만 자는 동안에는 침이 매우 적게 나오니 제외하기로 해).

음식을 먹지 않을 때, 침을 몇 번 꿀꺽 삼키면 1 mL가 될까? 가로, 세로, 높이가 1 cm인 정육면체만큼 말이야. 입안에 침이 고이면 꿀꺽하고 침을 삼키지. 아마 두 번 꿀꺽 삼키면 1 mL가 되지 않을까? 잠깐 시간을 재 봐. 두 번 꿀꺽하는 데 1분쯤 걸리지? 그러면 14시간 30분, 즉 870분 동안 870 mL의 침이 나와. 음식을 먹을 때는 먹지 않을 때보다 훨씬 많이 나와. 시간은 90분으로 훨씬 짧지만 절반보다 적은 400 mL가 나온다고 보면 하루에 흘리는 침의 양은 1,270 mL라고 추정할 수 있어.

연구에 의하면 하루에 분비되는 침의 양은 성인은 1,000~1,500 mL, 사춘기 이전 아동은 750~900 mL 정도래. 1리터만 생각해도 엄청난 양이지? 침은 귀밑샘, 혀밑샘, 턱밑샘 등 여러 군데에서 나오는데, 음식을 먹을 때는 귀밑샘에서 좀더 많은 양이 나와.

【9】 우리 학교에 생일이 같은 사람이 있을까?

　우리 학교에 나와 생일이 같은 사람이 있을까? 우리 반 애들한테야 일일이 물어볼 수 있지만, 전교생에게 물어보고 다닐 수는 없고. 좋은 방법이 없을까?

　우선 질문을 조금 간단하게 바꿔 봐. 우리 학교에 생일의 요일이 같은 사람이 있을까? 당연히 있다는 생각이 들지? 요일은 많아야 일곱 가지이고 우리 학교에는 아이들이 많으니까 요일이 겹칠 수밖에 없잖아. 질문을 조금 더 바꿔 봐. 우리 학교에 생일의 달은 달라도 날짜가 같은 사람이 있을까? 당연히 있다는 생각이 들지? 날짜는 많아야 31일이고, 우리 학교에는 아이들이 그보다 많으니까 날짜가 겹칠 수밖에 없잖아.

　그러니까 중요한 건, 원하는 가짓수 이상으로 사람이 있는가야. 만약 우리 가족으로 생각하면 생일의 요일이 같은 사람이 없을 수도 있어. 적어도 8명은 되어야 요일이 같은 사람이 있을 수 있으니까.

　일 년은 365일이지만 366일인 경우도 있어. 2월이 29일까지 있는 해 말이야. 그러니까 사람이 366명보다 많으면, 즉 367명부터는 생일이 같은 사람이 반드시 있을 수밖에 없어. 이제 중요한 것은 우리 학교 학생이 몇 명인가야. 367명이라고? 그럼 생일이 같은 사람이 있어. 365명이라고? 그럼 생일이 다 다를 수도 있어. 가능성은 매우 낮지만.

생일이 같은 사람이 있는가 파악하는 것도 비둘기 집의 원리에 의해서 가능해. 비둘기가 인간에게 기여한 것 중 하나지. 일 년의 날수와 사람 수, 비둘기 집과 비둘기 마릿수처럼 두 가지를 비교해서 어느 것이 많냐에 따라 판단하는 아주 간단한 원리지.

【10】 걸어서 우리나라를 한 바퀴 돌려면 얼마나 걸릴까?

　걸어야 하는 거리가 얼마나 되는지 잘 모르니까 우선 고속도로로 생각하기로 해. 서울에서 해남까지 고속버스를 타면 4시간 30분 정도 걸려. 휴게소에서 쉬는 시간을 빼고 시속 100 km로 네 시간 달린다고 해 봐. 사람이 걷는 속력은 시속 4 km니까 버스가 25배 빨라. 버스가 달리는 거리를 사람은 25배의 시간에 걸으니까 100시간 걸려. 해남에서 부산까지는 3시간 30분 정도 걸리니까 휴게소에서 쉬는 시간 빼고 시속 100 km로 3시간을 달린다고 보면 걸을 때는 3시간의 25배인 75시간 걸려.
　우리나라를 직사각형으로 생각하면 대략 175시간의 두 배인 350시간이 걸려. 그런데 고속도로로는 걸을 수 없어. 우리나라를 한 바퀴 도는 일반 도로는 당연히 고속도로보다 훨씬 구불구불할 거야. 거리가 늘어나는 거지. 얼마나 늘어날까? 구불구불하다는 것을 지름과 원주 정도로 생각하면 될까? 고속도로가 지름을 따라 나 있는 도로라면 걷는 길은 원을 따라 걷는 정도로 길이 구부러진다고 볼 수 있을 텐데, 우리나라는 서해안과 남해안의 해안선이 몹시 복잡해. 구불구불, 아니 꼬불꼬불해. 걷는 길은 지름의 3배인 원주 정도가 아니라 4배 정도라고 보는 게 더 타당할 거야. 그러니 시간도 4배 더 걸려서 350시간의 4배인 1,400시간이 걸릴 거야.

아직 끝나지 않았어. 사람은 1,400시간 동안 쉬지 않고 걸을 수 없어. 50분 걷고 10분 쉰다면 걷는 시간은 $\frac{1}{6}$ 만큼 늘어나야 해. 1,400의 $\frac{1}{6}$ 은 약 233이니까 총 시간은 1,633시간. 하루에 8시간 걷는다면 204일이 걸려. 하루도 쉬지 않고 걸어도 계절이 3번은 바뀔 시간이야.

우리나라 가장자리를 연결하는 둘레길은 크게 4가지로 구분해. 서해안의 서파랑길, 남해안의 남파랑길, 동해안의 해파랑길 그리고 강화와 고성을 연결하는 DMZ 평화의 길. 그 길이를 다 더하면 4,544km라고 해.

친구와 함께 페르미 추정을 해보았나요?
책에 있는 풀이와 달랐다고요?
정답은 없어요.
여러분이 헤쳐나온 길이 '타당'하다면 그것도 답이에요

교육과정 연계표

		교육과정
1장	붕어빵은 하루에 몇 개나 팔릴까?	3학년 1학기 길이와 시간 5학년 2학기 평균과 가능성
2장	개는 평생 발바닥을 몇 번 핥을까?	4학년 1학기 곱셈과 나눗셈 4학년 1학기 큰 수
3장	코로나 기간에 쓰고 버린 마스크의 무게?	3학년 2학기 들이와 무게 4학년 1학기 큰 수
4장	한 해 동안 사용하는 야구공은 몇 개?	4학년 1학기 곱셈과 나눗셈
5장	오늘 전교생이 먹은 밥알은 몇 알?	4학년 1학기 곱셈과 나눗셈
6장	전 세계 사람들이 우리나라에 다 앉을 수 있을까?	5학년 1학기 다각형의 넓이
7장	내 머리카락은 몇 가닥?	6학년 2학기 원의 넓이
8장	평생 마실 물로 욕조를 채운다면?	3학년 2학기 들이와 무게
9장	시험 문제를 찍어서 다 맞히려면?	5학년 2학기 평균과 가능성
10장	자전거 타고 달까지 가려면 얼마나 걸릴까?	5학년 1학기 규칙과 대응 6학년 1학기 비와 비율